ÖSTERREICHISCHE AKADEMIE DER WISSEN
PHILOSOPHISCH-HISTORISCH
SITZUNGSBERICHT

VERÖFFENTLICHUNGEN DER IRA MMISSION
HERAUSGEGEBEN VON MAN MAYRHOFER
NR. 15

Iranische Ortsnamenstudien

von

Wilhelm Eilers

VERLAG
DER ÖSTERREICHISCHEN AKADEMIE DER WISSENSCHAFTEN
WIEN 1987

Vorgelegt von Manfred Mayrhofer
in der Sitzung am 10. Oktober 1984

ISBN 3 7001 0755 2

Filmsatz und Offsetdruck: Ferdinand Berger & Söhne Gesellschaft m.b.H.,
3580 Horn, Wiener Straße 80

VORWORT

I. Iranische Paßnamen (Hochpässe)
II. Sonnenseite – Schattenseite

Seit den Dreißiger Jahren und seitdem immer wieder habe ich mich, zeitweise intensivst, mit den geographischen Namen Irans (alten und neuen) beschäftigt. Es ist kaum ein Aufenthalt im Lande gewesen, während dessen ich mich nicht um Aufnahme begegnender Namen und den damit verbundenen so wichtigen „Realbeweis" bemüht hätte. Aus meinen umfangreichen Sammlungen habe ich wiederholt vorgetragen, habe auf Tagungen, Kongressen und bei anderen Gelegenheiten über toponymische Themen gesprochen, aber im Verhältnis dazu vergleichsweise wenig veröffentlicht (s. Literaturverzeichnis). Nun gibt mir freundlicherweise die Österreichische Akademie der Wissenschaften durch ihre Iranische Namenskommission, der ich die Ehre habe anzugehören, Gelegenheit zur Drucklegung der beiden nachfolgenden Themen. Die „Iranischen Paßnamen" sind von mir auf dem Internationalen Iranistenkongreß Teheran 1966 in einem Kurzvortrag behandelt worden, der, unzulänglich auf persisch abgedruckt, in der Teheraner Zeitschrift Mehr 12 (1345/1966) pp. 617–624 veröffentlicht worden ist unter dem Titel Nāmhā-i-īrānī-i-kotelhā. Die auf die klimatische Lage bezüglichen Namen „Sonnenseite – Schattenseite" sind von mir immer nur angesprochen worden, aber nie vorher ausführlich in Schriftform zur Darstellung gelangt.

Dem hervorragenden Kenner des altiranischen Namenmaterials und Initiator der Wiener Namenstudien, Herrn Kollegen Professor Dr. Dr. h. c. Manfred Mayrhofer, dem ich seit Jahrzehnten freundschaftlichst verbunden bin, danke ich herzlich für Vermittlung und Betreuung.

Erika Eilers, meine liebe Frau, hat sich hilfreich der mühseligen Korrektur unterzogen. Auch ihr gebührt unser aufrichtiger Dank.

W. E.

Teil I: Iranische Paß-Namen
(Hochpässe)

In Kurzform als Vortrag gehalten auf dem Internationalen Iranistenkongreß 1966 in Teheran.

Unzulänglich auf persisch abgedruckt in der Teheraner Zeitschrift Mehr 12 (1345/1966) pp. 617–624 unter dem Titel Nāmhā-i-īrānī-i-kotelhā.

Πέρσις ὅλη μεγάλοισι περίδρομος
οὔρεσι γαῖα
Dionysii Orbis Descriptio (A. D. 1063)

Für Eigennamen hat sich die Menschheit im Ganzen wie der Einzelne aus ihr immer interessiert. Auf Versuche zu ihrer Deutung gehen ganze Sagenkreise zurück, und man spricht vom Phänomen der ätiologischen Fabel. Dennoch ist die Namenkunde als Wissenschaft ganz jungen Datums, und in die Orientalistik hat sie eigentlich überhaupt noch nicht recht ihren Einzug gehalten. Das gilt besonders im Hinblick auf die *geographischen* Namen, von denen zwar einzelne ihre Deutung oder wenigstens Hypothesen gefunden haben. Das Gebiet als Ganzes aber liegt unbeackert. Dabei ist für die Lösung der hier anstehenden Probleme gerade die große Masse und ein zusammenschauender Überblick auf sie wichtig. Es gilt nicht nur wie bisher anhand historischer Zeugnisse einer einzelnen Namenform nachzugehen, man muß vielmehr auch große Gruppen systematisch in Kategorien zu ordnen wissen, schon um zu entscheiden, was an Deutung möglich und wahrscheinlich ist oder von vornherein ganz ausgeschlossen werden muß. Mit einem Wort: Neben die Einzeluntersuchung muß die Gattungsforschung, neben die bisher einzig geübte diachrone mit Vorsicht die sogenannte synchrone Methode treten.

Ich beabsichtige dies hier an einem Beispiel vorzuführen, und zwar an den *Paßnamen*. Berg-, Fluß- und Siedlungsnamen verdienen natürlich die gleiche Hinwendung, nicht zu reden von Völker-, Stammes- und Ländernamen. Aber diese sind noch umfangreicher als jene Paßnamen, die in idealer Weise Natur und Mensch in schöpferischem Zusammenwirken zeigen. Weiter möchte ich mich hier auf eine kurze Skizze der *Hochpässe* beschränken. Die Engpässe sind natürlich philologisch nicht weniger anziehend. Überdies sind die Grenzen von Hoch- und Engpaß nicht so fest, wie man annehmen sollte. Das liegt im Wesen der Sache. Manche Bergübergänge beginnen mit einer Schlucht, führen über einen Sattel und laufen auf der jenseitigen Berglehne vielleicht wieder in eine Schlucht aus. Die Namenforschung ist eine *empirisch* fundierte Wissenschaft, und der sogenannte Realbeweis für die Richtigkeit einer Namendeutung oft entscheidend.

Im heutigen Orient hat der Autoverkehr neben den alten Paßübergängen neue geschaffen und damit die Namengebung bereichert und zugleich verarmt. Denn die alten Karawanenpässe waren durch Steilheit und Gefahr sehr einprägsam, außerdem bei möglichst direkter Wegführung durch die Berge viel häufiger als der sanft verlaufende Paß einer Fahrstraße. Aber noch immer wie schon vor 200–300 Jahren heißen sie *gardane* oder *kotal.* Daß *kotal* nicht, wohl aber *gardane* ein altererbtes Wort ist, hoffe ich im Folgenden zu zeigen. Die Achämenideninschriften überliefern uns weder Eigennamen von Pässen noch die Nomenklatur derselben. Hingegen kennt das Awesta und die sich daran anschließende Pehlewi-Literatur der Mazda-Verehrer eine ganze Reihe geographischer Stellen, die für unsere Kenntnis der alten Kultur Irans von großer Wichtigkeit sind. Es lassen sich die Wörter *grīvā-* f. „Nacken" und vielleicht auch **tačina-* m. „Steig" als Termini für den Hochpaß, die Wörter *dvar-* m. „Tor" sowie *darənā-* f. „Riß, Schlucht" als Bezeichnung für Engpässe bereits in altiranischer Zeit nachweisen. Die sassanidische Epoche hat diesen wenigen Wörtern gegenüber dann bereits eine größere Vielfalt in der Überlieferung der geographischen Terminologie aufzuweisen.

Daß *dvar-* „Paß" ← „Tor" ist und keine „Verlegenheitsübersetzung" (MSS 3^2, 1958, p. 77), zeigt die allgemeine geographische Terminologie. Auch das Sanskrit kennt ja *dvāra-* m/n. als „Bergpaß". Für Kaschmir s. M. A. Stein, Rāğa'taraṅginī I (1900), p. 122. Av. *darənā-* zitiert Horn, NpEt Nr. 560 (mit falscher Etymologie; np. *darre* „Tal" gehört zu *darrīdan* „reißen", idg. *der-*). In AirWb 693 übersetzt Chr. Bartholomae *darəna-* n. mit „Aufenthaltsort, Wohnsitz, Schlupfwinkel"; es ist aber wohl einfach „Tal" wie in den häufigen jetzigen Siedlungsnamen auf *-dar, -darre* in Iran. Neuerdings konnte *gardan(e)* „Nacken" → „Paß" bereits im Awesta nachgewiesen werden und zwar als *vašana-* in Yt. 19, 3 < *vartana-* (s. unten sub 4a).

1.

Aufs Ganze gesehen fügen sich die iranischen Ausdrücke für den hohen Bergpaß gut in die allgemeine Semasiologie der Völker ein. So finden wir natürlicherweise Ausdrücke, die an den Bergrücken denken wie im Deutschen oder im englischen *ridge:* np. *pušt/pušte, kūl* oder bei den Luren *māze* „Rücken" als „Bergrücken, Paß" (KPF II pp. 64, 189). Auch „Schulter" gibt es (unten sub 7). Beachte dabei das Verhältnis von türk. (osm.) *bel* „Bergpaß" (← „Lende") zu *belek* „Anhöhe, Hügel".

Zum Vergleich bieten sich an mongolische Paßnamen mit *dabaγ(an), kötöl/kötel,* türkische mit *art, bel, boyun/boynak, davan* (< mong. ?), kirg. *ašu,* tibetische mit *la,* chinesische mit *k'ou* z. B. bei Hedin, CAA passim.

2.

Sehr allgemein ist auch das Wort „Durchgang, Übergang“, welches dem Deutschen und dem englischen *mountain-pass* zu *to pass,* frz. *passer,* dt. *passieren* entspricht. Es hat in der semitischen Wurzel *ʿbr* sein Gegenstück: arab. *maʿbar*, hebr. *maʿbārā*^{h} f. In Iran steht dafür das Wort *guẓar,* erweitert *guẓarˈgāh,* bzw. im Kausativ als „Durchlaß“ *gudār* und *guẓār* aus altem *viˈtar-* bzw. *viˈtār-* (*-t* > *-d* und *-z* verschieden entwickelt). So hat man die Paßnamen, die oft genug zu Ortsnamen von Gebirgsdörfern geworden sind, mit häufigem *guzar, guẓar* z. B. in

Goẓar-dare zu Sanandağ und

Goẓar-kağīn zu Hamadān (FĞ 5), dazu

Gudhar-i-Chabisi am Wege nach Xabīṣ (h. Šahˈdād) und

Gudhar-i-Churi am Wege zur Oase Xūr bei Hedin, Ostpersien I pp. 57, 69,

mit Langvokal *Tschil Gudhār* „die vierzig Pässe“ ebenda I p. 6, II p. 347. Np. *gudār* in

Godār-i-gīšū (belutschisch) „Oleander-Paß“ s. Demawend II p. 217,

Godār-pahn „breiter Übergang“ Dorf zu Asadˈābād (Hamadān FĞ 5). Der gleiche Name als ON *Godār-e Pam* zw. Herat und Kabul bei Markwart, Wehrot p. 167 (Gewährsmann Rudolf Oertel).

Weitere *gudār*-Namen in FĞ 6:

Godār-čītī (Baumname; aber wohl „Furt“), *Godār-χamyān (< χamdān), Godār-čāh, Godār-landar, Godār-nār-kon* (*Hindukusch*-Name?). Der Dorfname *Gūdār* nebst Flußnamen *Gūdār-pahn* (Kūhˈdašt zu Xorramābād FĞ 6) deutet auf „breite Furt“.

Auch nach den Orten heißen Pässe, etwa

Gudār-e Täğāre (nach ON *Tağare* in Ğaušaqān-qālī, FĞ 3),

Gudār-e Vändāʾī (nach ON *Vandāde* zw. Mūrče-χurt und Maime auf dem Karawanenweg nach Isfahan, FĞ 3).

Als Endglied in den Ortsnamen

Xūnīk-godār zu Qāʾīn – Bīrğand (FĞ 9),

Pā-gozār-ā (mit *-z-*; *-ā* viell. < *-āb*) zu Fīrūzˈābād (FĞ 7) – Furt?

Ferner

Pā(i)-godār (Saumpfad zwischen Xanūk und Rāvar in Kerman, 4 × in Ğīruft FĞ 8),

Sar-godār in Kerman und 2× in Ğīruft (FĞ 8).

Wie schon aus den beigebrachten Beispielen ersichtlich, bezeichnet *gudār/guẓār* jede Art von Übergang, sowohl *ʿubūr az kūh* wie *ʿubūr az rūdˈχāne,* d. h. „Flußübergang, Furt“, ähnlich wie bei den Arabern *maʿbar.*

Auch bei den Türken gehört *art* „Bergpaß" zu *ar-* „durchwandern" (Brockelmann, Osttürkische Grammatik p. 140) und *geçid/t* (Handbook of Mesopotamia III p. 290), das ebenso wohl „Paß" wie „Furt" heißt, zu *geç-* (*käč-* etc.) „durchziehen" (Gabain, Alttürkische Grammatik pp. 313a, 314a). S. jetzt Doerfer III Nr. 1621 auf p. 584.

Doch gehört *gedik,* das sich auch im persischen Sprachbereich als *gadūk* großer Beliebtheit erfreut, nicht hierher (s. unten sub 6).

Auch mong. *kötel, kötäl* „Bergpaß" soll aus lautlichen Gründen nicht, wie man doch vermuten würde (so schon Ramstedt), von *ketül-* „überschreiten" abgeleitet sein (Doerfer, Mongolische Elemente im Neupersischen Nr. 323 p. 459). Das Wort *kotel* gehört im heutigen Persischen zu den zahlreichen gerade auch in der Namengebung verankerten Sprachresten aus der mongolischen Zeit des Mittelalters und fehlt in den älteren neupersischen Wörterbüchern, obgleich es neben *gardane* längst das meistgebrauchte Wort für „Bergpaß" geworden ist.

Irrig über *kotal* Cl. Huart in EI[1] II (1927) s. v. mit aramäischer Ableitung (*kōṯal* „Mauer, Wand") und F. W. Thomas in Acta Orientalia 12 (1934) p. 38 mit indischer Ableitung (*kuthala-*).

3.

Sehr allgemein ist auch der Ausdruck „Weg, Pfad", nämlich i. S. v. „Bergpfad, Saumpfad", so in kurd/lur. *rē,* im Sarikolī des Ostens *punuk,* falls dieses mit Georg Morgenstierne in IIFL 2 (1938) p. 317 und H. W. Bailey in TPS 1961 p. 133 auf altes **pantaka-* zu iran. *panti-* m., ai. *pánthāḥ* „Weg, Pfad" zurückgeht. Anders liegt der Fall von arab. *darb* „Weg, Straße; Pfad, Engpaß im Gebirge", welches selbst erst auf pers. *darˈband* (unten sub 7) zurückgehen dürfte. Beispiele die Paßnamen

Kōhēn Wat „Bergpfad" (Spiegel I p. 20; doch s. Verf. in Die Sprache 6, 1960, p. 111[21] auf p. 112; unten sub. 6).

Kaǧˈraha, wohl „krummer Weg", ein sich im Yaγnˈōb-Tal über drei Pässe windender Saumpfad (Junker, Yaghnobi I p. 103).

Tangˈrāh „enger Weg", Ort im Waldgebirge zu Gumbad-i-Qābūs (FǦ 3). Np. *rāh-i-bīˈrāh* „via avia" bezeichnet geradezu den „Bergpaß". Bei den Kurden verzeichnen wir Namen wie

Dāḻāˈṛē „the Eagle's Road" in Ḥalabǧa an der persischen Grenze (Edmonds, Kurds p. 198), *Kewaˈṛē* (p. 376) und *Pāšāˈṛē* nordöstlich von Paikuli (Edmonds passim), weiter den

BN *Xāχāˈṛē* am Kleinen Zab, östlich von Altun Köprü (ebenda p. 16), das ist wohl *rāh-i-χāχām* „Rabbinerweg“ (vgl. unseren „Judenpfad“), wobei Paßname → Bergname wie bei *Hindū'kuš* (unten sub 10).

ON *Rhê'dar* nördlich von Kerkuk (Edmonds a. a. O. Map) mit dem häufigen Endglied *-dar* = *darre* „Tal“ (falls nicht gar = np. *rāh'dār* „Wegewart“ auch i. S. v. „Wegelagerer“!).

Baχt. *rāk* ist der „Steilpaß“ (Demawend I pp. 347, 364), und das könnte vielleicht eine Kontraktion von *rāh-ak* sein, während sonst bei Luren und Kurden und anderswo (WIrM II p. 728) „Weg“ *rē* ist, offenbar aus kurzem **răϑiyā-* (ai. *rathyā-* „Fahrstraße“) gegen **rāϑiyā-* > np. *rāh*. Für *rāk* Belege passim in FĞ 6 und auf Sh 9 H.

An Ausdrücken, die die Kehren und Windungen solcher Gebirgswege kennzeichnen, mangelt es nicht:

Gudhār-i-pītsch „der gewundene Paß“ (Hedin, Ostpersien I p. 57, II p. 311),

Šaš-peč in Südpersien bei Stein, Reconaissances p. 214,

Xam-o-pīč heißt ein Gebirgsdorf bei Gulpāigān am Saumpfad von Tağare nach Vānišān (FĞ 6),

Sar-kal-i-pēčān liegt südöstlich von Sulaimāniyye (Edmonds, Kurds p. 147). Unten p. 17.

Np. *kağ* „krumm“ erscheint unter anderem in

Kağ'raha (s. oben),

Gozar-kağīn Hangdorf zu Hamadan gehörig (FĞ 5),

np. *χam* ungefähr gleicher Bedeutung in

Xam-o-pīč (s. oben)

Godār-χamyān (s. oben sub 2),

Rubāṭ-i-pušt-i-χam heißt im mittelalterlichen Fārs bzw. Kermān eine „hinter dem Paß“ gelegene Karawanserai (Ibn Ḥauqal p. 284; bei Schwarz p. 277).

Andere Ausdrücke für die Windungen des Bergpasses:

Haftād Girdish Kotal „der 70-Kehren-Paß“ (Kabul 1 : 1 Mill.),

Malwīye-Paß arab. „der gewundene“ sc. *ʿaqaba,* in Ğibāl (Schwarz p. 456; vgl. den *Tang-i-malāwī* in Luristan).

Im arabischen Begriff *ṯanīya* f. „Bergpaß“ liegt gleichfalls die Vorstellung wiederholter Kehren (*taṯniya* f.: *Ṯ N-y* „zwei“). Im Zagros ist neben *χam, kağ, pīč* noch das Wort *χirr* (auch *χarr* u. ä.) „Zickzackweg, Kehre“ dafür geläufig (KPF III/II, 242):

Sīz'dah-Xirān „die 13 Kehren“ (KPF III/II pp. 280, 353[21]),

Gardane Xirχir bei Harsīn (FĞ 5 sub Sarmağ),

Xiräχirä-i-Bālīnē „der Zickzackweg/Engpaß von *Bālīn* (KPF IV/III 1 p. 259, IV/III 2 p. 407), und viele andere Namen mehr, so der Dörfer (bes. in FĞ 5, 6, 7)

Xarān-rāh (Xorram'ābād) „Paßweg der Kehren" (oder „Eselweg"?),

Xarre-siyāh (2× in Xorram'ābād) „schlimme Kehre",

Xerr-e Šīr-ʿAlī (Īlām),

Miyān-χerre (Būšihr),

Sar-χare (Xorram'šahr),

Sar-χerre (Būšihr).

Dieses *χir/χar* ist wohl zu trennen von np. *χir* „Kehlkopf, Kehle", auch „Gurgel" – schallnachahmend? Ein vulgäres Wort (Junker-Alavi); s. Muḥ.-ʿAlī Ğamālzāde, Farhang-i-ʿāmmiyāne 1341/1962; Muḥammad Muʿīn, Farhang-i-fārsī 1342f./1963f. Dazu *χerχere* „the Larynx" usw. (Haïm). Auch mit *χar/χarre* „Lehm, Schlamm", das die Luren für *gil, lağan* bevorzugen (ʿAlī Ḥaṣūrī, Guzāriš-i-gūyišhā-i-lurī, 1342/1963, pp. 37, 46, 53, 63), sind Verwechslungen möglich.

4.

a. Mit den Romanen Europas gemeinsam sieht der Perser im Bergpaß mit Vorliebe einen „Hals" oder „Nacken": ital. *collo,* frz. *col* unzählige Male in den Alpen; im Spanischen ist es *cerro* (vgl. H. Hatzfeld, Leitfaden der vergleichenden Bedeutungslehre², 1928, p. 43). Ebenso sagen die Türken *boyun* „Hals, Nacken", öfter wohl noch *deve'boynu* „Kamelhals" für den Bergübergang. Auch bei den alten Griechen war ὁ λόφος „der Nacken" zugleich der „Hügel" (Hatzfeld, a. a. O.). Und noch jetzt gibt es altgr. αὐχήν „Nacken, Hals" zur Bezeichnung eines Bergpasses, z. B. auf Kreta den Ἄμπελος αὐχήν, *Ambelou Afhin* in amtlicher Lateinschrift, den Windmühlenpaß, der vom Kloster Kera zur Lassíthi-Hochebene hinabführt. Allgemein ngr. ὁ αὐχένας „der Nacken" → „der Hochpaß".

Bei den Türken Zentralasiens gibt es einen „Nacken-Paß": *Boynak-davan* (Hedin, CAA). Die Mongolen haben ein „Nackengebirge": *Kʿüḍügün aγula* (Weygandt).

Das heutige persische Wort für den Hochpaß ist daher – vom erwähnten *kotal* abgesehen – *gardane,* auch wohl bloß *gardan* oder *gardangāh,* d. i. der Hals als „Drehpunkt, Wendestelle", air. *vartana-* n. (Vf., Vergleichend-semasiolog. Meth. pp. 39, 40), etwa

Gardiwgä-i-Bānä'bān im Kurdengebiet von Kirind am „Tor von Asien",

ON *Gardan'gāh* zu Šāh'ābād (FĞ 5).

Fast erübrigen sich weitere Beispiele:

Gardane-i-Zan-i-Murde „Tote-Frau-Paß" (Houtum-Schindler, Zeitschr. d. Ges. f. Erdk. 14, 1879, p. 40),

Gardaneh Chehar Mulleh „der Paß der vier Pässe" im Elvend-Gebiet (Sh 9B); über *mul* „Paß" s. sogleich sub 4c.

Nach den Pässen etwa die Dorfnamen:

Gardane in Ğīruft } FĞ 8
Gardane-sorχ in Ğīruft }

Sar-gardane „auf dem Paß" bzw. „oberhalb des Passes" zu Bandar-ʿAbbās (FG 8).

Qalʿe-gardan (Lāhīğān FĞ 3) und *Qalʿe-gardane* (Kāzerūn FĞ 7) bezeichnen befestigte Pässe.

Np. *gardan* „Nacken, Hals" geht auf air. *vartana-* n. „Wendung, Drehung" zurück (idg. *wert-*, lat. *vertere*) und erscheint, wie ich in Geogr. Nameng. p. 47 dargetan habe, mit awestischer Lautgebung als *vašana-* im Namen des Gebirges der „Acht *vašana-*" (Yašt 19, 3), das also nach acht Hochpässen heißt.

b. Das Wort *gardan(e)* hat einen anderen – etymologisch völlig zu trennenden – Doppelgänger, der jedoch die gleiche Anschauungsweise vom Bergpaß als „Hals, Nacken" bekräftigt: *girīv, girīve* < mp. *grīv(ak)* (*grīv* bei den Manichäern → „Seele"!), auch > np. *girī (girē?)* geworden, aber eigentlich lebendig nur noch im heutigen *girībān* < *grīvˈpān* „Halsberge" d. i. „Kragen". Vgl. ai. *grīvā́-* f. „Hals"; bei den Russen bezeichnet *gríva* auch nicht nur die „Mähne", sondern wie im Persischen einen „Bergrücken", vgl. oben sub 1 *pušte*. Das Wort ist mit *galū* „Hals, Kehle", das für enge Schluchten Anwendung findet (lat. *fauces* usw.) über die idg. Wurzel *g*ʷ*er-* urverwandt. Auch im Buch-Pehlewi ist *grīvak* zugleich der „Paß" (D. D. Kapadia, Glossary of Pahlavi Vendidad, 1953, p. 164). Am *Kōf-i-Arzur* (*Ərəzura*-Yt. 19, 2) liegt der *Arzurˈgrīvak* (Bdh. 76). Denn schon im Awesta ist *grīvā-* der „Nacken" eines Berges am Tor der Hölle (Fr. Müller in WZKM 6, 1892, p. 190). S. jetzt auch Monchi-Zadeh, Zarēr § 23.

Nach Vd. 3, 7 ist der „Nacken des *Arəzura*", d. i. also unzweifelhaft der gleiche Berg *Ərəzura* von Yt. 19, 2, ein höchst unbehaglicher Ort, an dem die Dewen zusammenkommen aus der Höhle der Drug. Die türkisch sprechende Bevölkerung von Xalχāl in Aserbeidschan gebraucht, wie man mich belehrt (mein Lektor Herawi), das Wort als *gīrvä* bzw. mit Metathese *gīvrä*„Paß". Im Osmanischen erhält *girive* den Sinn von „Strudel; Klemme, Schwierigkeit". Bei den persischen Schriftstellern der älteren Zeit ist *girīve* das gängige Wort für den Hochpaß. So gibt es im Mittelalter einen

Sang-bar-sang-girīva „Stein-über-Stein-Paß" (Mustaufī p. 9).

Auch der Ort

Ğarīvā in Kūzdar (Tārīχ-i-Qum p. 141)

könnte die arabisierte Form unseres Wortes sein, evtl. + *-āb* „Wasser".

Noch heute sind die Karten voll von Pässen oder an Pässen gelegenen Orten, deren Namen dieses alte Element *garīva/girīve* in verschiedener Abwandlung bzw. Entstellung aufweisen. Da sind die Paßnamen

Girīve-i-Ruχ bzw. *Ğarīvā' ar-Ruḫḫ* in Čahār'maḥāll westlich von Isfahan, vgl. EI[1] III p. 516; Ibn Baṭūṭa II p. 42; Tomaschek, Hist. Geogr. II pp. 171, 172; das ist wohl der „Felsabhang" *Gerîwet-ur-Ruch* bei Houtum-Schindler in Zeitschr. d. Ges. f. Erdk. 14 (1879) p. 54. Der Bezug auf den mythischen Vogel Ruch, der sehr naheliegt (unten sub 8), erklärt sich als Volksetymologie; vgl. Vf., Demawend I p. 330, Anm. 107.

Gach Girewa westlich von Kirind im Zagros.

Garīva-i-mādar va-duχtar nördlich von Māyin in Fārs.

Wie ein einzelner Paß einem ganzen Gebirgszug seinen Namen verleihen kann, zeigt das Beispiel des Namens *Hindukusch* (unten sub 10). Daher Berg- oder Landschaftsnamen wie

Kūh-i-Garīve am oberen Āb-i-Diz (Sh 9D), vielleicht davon verschieden

Kūh-i-Gīrīve/Girībā/Girīve nördlich von Dizful (Sh 9, 9C),

Bāla Girīeh, das Land „oberhalb des Passes", daselbst (Sh 9C); darnach der Name des Lurenstammes *Bālā'girīva* (Vf., Demawend I p. 347 Anm. 169). Vgl. das Lurenlied bei ʿAlī Ḥaṣūrī, Guzāriš-i-gūyišhā-i-luri (1342/1963) p. 71. LN *Bālā'girīwa* auch bei Edmonds, Kurds p. 192. Dazu die Ortsnamen

Gerīv'deh zu Band-Pai–Bābul (FĞ 3),

Girīā westlich von Daulat'ābād-i-Malāyir (Sh 9),

Pā-i-Mil-Giriā nordöstlich davon (Sh 9), doch wohl mit pleonastischem *mil* „Paß" (s. sofort sub 4c).

Schwierig ist die Abgrenzung im Kurdischen, wo nach Edmonds, Kurds p. 16 Anm. 2 *gerū* den Hochpaß, aber *gelī* „Schlucht, Engpaß" bezeichnet, wo also *gerū* zu *girīve* und *gelī* zu *galū* „Kehle" gehört. Doch nach Jaba-Justi p. 368f. wäre *geurū/ī* gerade „gorge, passage, étroit", während p. 365 b richtig für *gelî* „défilé" gegeben wird. Da np. *galū/gulū* „Kehle" auf phl. *garūk* (evtl. *galōγ*) zurückgeht (kurd. auch *gerū*; av. *garō* pl. f.), ist die Verwirrung begreiflich. Ähnliches gilt für die belutschischen Namen.

Bei Steingass np. *gile* "a pass between two hills", ebenso WIrM II pp. 9, 667. Beispiel der

PassN *Gilazarda* in Kurdistan (Iran 11, 1973, Karte und Text) mit *zarde* „Schroffen". Dem entspricht *Galî Zerdak* („gelbe Schlucht"?), tiefe Schlucht mit sassanidischem Relief und Inschrift nöl. v. Mossul am Ǧabal Maqlūb; ausführlich mit Photos R. M. Boehmer in: Baghdader Mitteilungen 12 (1981) pp. 151–164 sowie 13 (1982) pp. 161–163.

Wegen der altüberlieferten Form ist es nicht ohne Weiteres wahrscheinlich, daß *girīve* im Namen der sassanidischen Ruine *Ṭāq-i-Girrā* beim darnach benannten *Pāi-Ṭāq*-Paß am „Tor von Asien" steckt, wie Sarre-Herzfeld, Iranische Felsreliefs (1910) p. 232 f. behaupten. Zum Ṭāq-i-Girrā s. schon Vf., Vom Reisehut p. 167 Anm. 66.

Das Element *girev* in der geographischen Terminologie ist nicht mit Zetterstéen bei Hedin, Ostpersien II p. 310 das Wort *girau* „Pfand", sondern eben unser *girīv(e)* „Paß". Fr. Rundgren in Orientalia Suecana 6 (1958) p. 48[3] (auf p. 49) verkennt, daß np. *girī* „Hals, Nacken" < *grīv* identisch ist mit phl. *grīv(ak)* „Hügel, Paßhöhe". Zu *γarīw* „Bergpaß" im Yaγnˈōb-Tal s. É. Benveniste in JA 243 (1955) p. 152.

Auch die Osseten haben in ihrer Toponymie die Vorstellung vom „Paß" als einem „Hals, Nacken", wie die verschiedenen Namen auf °*fčik* anzeigen: < *äfčäg* „Bergpaß" (*äfčäkʿvat* / *äfčäkʿot* „Kragen" wie mp. *grīvˈpān* > np. *girīvān* „Kragen", lat. *collāre* „Halsband" u. dgl.). Miller, Osset. pp. 5, 24; Abajew Wb. I p. 108.

Mit (ost)iran. *gar/γar* „Berg" (ai. *girí-*) hat *girīve* nichts zu tun, wie u. a. Arğumanˈārā s. v. behauptet. Das von den Wörterbüchern immer wieder erwähnte Reimwort *tarīva* i. S. v. „Paß" habe ich in der geographischen Namengebung bisher nirgendwo gefunden. Idg. *ter-*?

c. Noch ein weiteres Wort bringt den Gedanken „Paß" durch den Begriff „Hals, Nacken" zum Ausdruck. Es ist kurd. *mul* (je nach der Landschaft auch *mol, möl* und verdünnt *mel, mil*), welches offensichtlich auf ein **mr̥du-* zurückgeht (Andreas, Dialektaufzeichnungen I, p. 209, 338, u. ö.), der Südwestentsprechung von av. *mərəzu-*, nach Bartholomae „Hals- und Rückenwirbel", ein Wort unbekannter Herkunft (AirWb 1173 f.); vgl. die in anderer Richtung verlaufenden Bemühungen von H. W. Bailey in TPS 1954 p. 114. Daß gerade die in den medischen Bereich fallenden Kurden eine typisch persische Form gebrauchen, sollte uns nicht verwundern. Es ist ja bekannt, daß nicht nur das Persische seit den Tagen der Achämeniden voller medischer Formen steckt; auch der medisch-parthische Bereich weist eine hohe Anzahl typisch persischer Lautformen auf in ähnlicher Dialektmischung, wie sie etwa auch dem Hoch- und Schriftdeutschen nicht fremd ist. Im Kurdischen von Kändulä ist *mul/mil* mit dem Zusatz *käl* „Bergriegel" o. ä. zu *milä'käl* erweitert (KPF III/II p. 267).

Dieses *mul, mola, mil, mile, mel, mele* usw. in den Paßnamen des nördlichen Zagros ist so häufig, daß sich einzelne Belege fast erübrigen. Die Karten oder geographischen Werke wie FĞ 5 und 6 (auch 7) geben hinreichend Kunde; jeder, der im Zagros gereist ist, kennt solche Namen.

Hāft'mula als Talname bei Herzfeld, Luristan p. 29a,

Char'milleh als Flurname im Handbook of Mesopotamia III p. 203,

Gardaneh Chehar Mulleh südwestlich von Tūi-Sarkān, Elwend-Gebiet (Sh 9B),

Čahār-mele (Kermanschah) und

Čahār-melān (Šāh'ābād) mit determinierendem *-ān:* „die vier Pässe", beides kurdische Hochgebirgsdörfer (FĞ 5),

Pošt'mole zu Schiras, in einer Ebene gelegen: „hinter dem Paß" (FG 7),

Pāi-Mil Giriā ein Dorf, mit pleonastischem *girīve* (oben sub 4b).

Sehr beliebt ist als Paß- bzw. Ortsname

Šutur'mol, Dorf in der Gegend von Sanandağ, zu Gāv'rūd und Kāmyārān (FĞ 5),

Uštur'mel Paß zwischen Tūi-Sarkān und Daulat'ābād-i-Malāyir bei Th. Strauß in Petermanns Mitteilungen 57 (1911) p. 70b,

Šotor'mol (bālā/pā'īn) zu Xorramabad, hochgelegene Läkkendörfer (FĞ 6), zum Vorhergehenden?

Uštur'möl in Nordluristan (von mir bereist).

Vielleicht heißt dieses kurdische *uštur'mul* u. ä. „Kamelhals" auch als Kompositum überhaupt nichts weiter als „Bergpaß", so wie bei den Türken *deve'boynu* eben auch einfach „Paß" heißt. Und was für *mul* recht ist, mag für *gardan* billig sein: *Šutur'gardan* südwestlich von Maimane in Afghanistan.

Es sei noch ausdrücklich darauf hingewiesen, daß dieses *mul, mil* etc. häufig verhört und von dialektunkundigen Städtern umgedeutet erscheint zu *mullā* oder zu *mīl.* Jedenfalls sind die Karten und Reisebeschreibungen voll von diesem Irrtum. Auch von osttürk. *mölle* „Reitsattel" ist unser kurd. *mul, möl* zu trennen, zumal Reit- und Packsattel in ihren persischen Formen *zīn* und *pālān* besonders in zentralasiatischen Paßnamen öfter vorkommen; Beispiel der Flurname *Mölleh'koygan* „the flung away riding-saddle" (Hedin, Central Asia II p. 8).

Ob auch arab. *mul, mulī* „Küstenlinie" Lehnwort aus diesem iranischen *mul* ist? Die alten Akkader Mesopotamiens nannten den durch Aushebungen beim Bau und immer wieder nötige Reinigung entstandenen Damm, der sich an einem Wasserlauf (*nārum*) hinzieht, *kišādum* „Hals, Nacken". Warum sollte nicht auch vom Meer aus die Küste als dessen Nacken erscheinen? Jedenfalls würde mir das mehr einleuchten als R. Gauthiots Herleitung jenes arabischen *mul* von iran. *marz-* (av. *marəza-*) „Grenze, Grenzbezirk" (JA 204, 1924, p. 229).

Endlich fügt sich auch die belutschische Toponymie mit *gauk* und *gwar*, beides „Hals, Nacken", in das allgemeine Bild der „Hals/Nacken-Pässe" ein. Hier verzeichnet FǦ 8 Dorfnamen wie

Gouk zu Ǧīruft,

Gouk'sar zu Kerman,

Bāγ-gouk zu Ǧīruft.

Bei *gwar* fällt die Entscheidung im einzelnen schwer; doch ist *gwarband* nicht nur der „Brustriemen" des Pferdes (also ein *gardan'band;* s. GIrPh I 2 p. 237), sondern auch der „Bergpaß" (Gilbertson, Grammatik p. 59). Aber in bel. *gwar* sind mehrere Wörter zusammengefallen, und so ist es denn die Frage, inwieweit die folgenden Namen wirklich zu *gwar* „Nacken, Hals" i. S. v. „Bergpaß" gehören:

Gwar Kūh Berg im Taftān-Gebiet, falsch persifiziert in *Gauhar Kūh* „Edelsteinberg" (Gabriel, Einsamkeiten pp. 120, 126, 132, 185),

Gwar'dašt 1. niedrige Gebirgslandschaft in Xārān (Bal. Gaz. VII A p. 158) – 2. Dorf östlich von Qaṣr'kand, Map Curzon,

Deh'gwar Landschaft an der persisch-belutschischen Grenze (Bal. Gaz. VII p. 16; VII A pp. 169ff., 202; Map Curzon).

Dazu die weiteren Ortsnamen

Gwar im Hudiyān-Gebiet (Gabriel, Einsamkeiten p. 105),

Gwar'kop nördlich von Pusni, Map Curzon,

Gwar'ǧak zum *yaka*-Baum? (Bal. Gaz. VI p. 306). S. Vf., Makā p. 118.

Doch kann hier, wie gesagt, zum Teil auch anderes vorliegen: die Praeposition *gwar,* np. *bar* „auf, über", *gwar(aγ),* np. *barre* „Lamm" oder endlich *gwar,* np. *bar* „Brust".

Ähnlich vieldeutig, auch seiner Ableitung nach nicht klar, ist das bei den Kurden so beliebte Namenselement *kal (käl, kel),* sodaß bei der Zuordnung vieler Toponyma Bedenken bleiben. Kurd. (Gūrānī) *kal* ist nicht nur „Hals" und „Nacken", sondern eben auch = *gardan(e)* „Paß" und jede Örtlichkeit, die einem solchen ähnelt (*har nauʿ šabīh begardane;* Mukri, Gūrānī p. 177). So hat man die Paßnamen

Kal-i-Xān westl. v. Bāne (Edmonds, Kurds p. 204),

Sarˈkal-i-pēčān südöstl. v. Sulaimāniyye, Paß über das Azmir-Gebirge (Edmonds, Kurds p. 147). S. oben p. 10,

Kal-Ḥāǧǧī-Mūsā/ī) nach einem Dorf in Qālqālī benannt, nordwestl. v. Dīvānˈdarre (Mukri p. 78 Nr. 263),

Pambaˈkal zwischen Dizfūl und Xurramˈābād in der Gegend des Kūh-i-Haftˈtanān (Hdb. Mes. II p. 288; Sh. 9).

Als Bergname (BN ← PaßN oder v. v.?)

Sar-i-Kal-i-Qayād oberhalb des Qayād-Tales (Sh. 9)

und als Ortsname etwa

Sar-kal zu Marīvān – Sanandaǧ FǦ 5,

Sarāb-Dō-kal gleichfalls zu Sanandaǧ FǦ 5,

Miyān-kal zu Sarpul-i-Ẕuhāb FǦ 5; nach Photo von Oskar Mann (ehem. Preuß. Staatsbibliothek) zwischen zwei Bergen in Talenge,

Šīwaˈkal nordöstl. v. Sulaimāniyye auf irakischer Seite, zu np. *šīb* „Abhang" (Vf., Demawend I p. 303). Als PaßN bei Edmonds, Kurds p. 101.

Dazu viele mit *kal* beginnende Ortsnamen wie

Kal-gāh wohl „Paßstelle", 2× am Berghang gelegen in Fahliyān – Kāzerūn (FǦ 7, aber in FǦ 5 zu Sunqur – Kirmānšāhān in einer Ebene gelegen – Namensübertragung!),

Kal-godār wohl „Paß-Übergang" zu Ṣaḥne-Kirmānšāhān FǦ 5, eine Art Synonymkompositum,

Kal-qaṭār wohl „Karawanen-Paß" (arab. *qiṭār*) in Īlām FǦ 5.

Weitere Namen in FǦ 5 wie

Kal-Dāvūd, Kal-kabūd, Kal-kūšk, Kal-qešlāq, Kal-sefīd u. dgl. m.

Hochpaß und Engpaß sind auch hier gewiß nicht immer sauber zu scheiden. So ist nach E. B. Soane's Kurdischer Grammatik (1913) s. v. *kal* „gorge" d. h. eine „Schlucht", bei den Bāǧālānī (Gūrān) nach Oskar Mann jedoch der Einschnitt in einen Bergrücken, daher eine besondere Art Paß (KPF III/II p. 403 Anm. 10), aber auch wieder ein „Durchgang, Korridor, Paß" (ebenda p. 449b). Ich selbst habe vom mittleren Zagros her *kal* als „Bergriegel" in Erinnerung, habe mir jedoch in Nord-Luristan notiert „angebaute Flur auf erhöhter Bodenterrasse zwischen Bergrand und Talgrund", mithin etwas Ähnliches wie *bān* „Hochterrasse beim Gebirgstal" (eigentlich „Dach"; Vf., Demawend I pp. 305f., 345, 371). Irrtum?

Vor allem konkurriert dieses orographische *kal* mit *kal* als männlichem Haus- und Herdentier, auch Wildtier im Zagros, oft eingeengt auf den männlichen Ibex, also den „Bergziegenbock", wozu np. *kalān* „groß" mit *kalāntar* „Ältester“ usw., vielleicht auch in den κάρδακες der griechischen Überlieferung von Iran enthalten *(ard > ăl)*. In Bergnamen kann *kal* auch „kahl“ bedeuten (wie *kačal*). Ob *kal* „Bergriegel“ als Fels auch mit kurd. *kēl* „Pfeiler, Stele“ (Kelischin-Paß mit urartäischer Keilinschrift auf dunkelblauem Stein; auch andere Beispiele) zusammenhängen könnte, weiß ich nicht zu sagen.

Zum Synnoëm „Hals – Bergpaß„ sei noch auf arab. *tal*ʿ*(a* f.) „Anhöhe, Sattel; Paß“ verwiesen, das zu *tala*ʿ und *talā*ʿ*a* f. „Länge des Halses“ gehört (Freytag). Doch s. Vf., Vgld.-semas. Meth. p. 69.

5.

Sehr häufig in der geographischen Namengebung Irans ist ein Wort wie „Leiter, Treppe, Steige, Stiege, Stufe“ zur Bezeichnung von Hochpässen. Solche Paßnamen sind uns auch sonst wohlbekannt und zwar schon aus der Zeit des Altertums. Bei den Römern heißen solche Pässe *scala* bei den Griechen κλῖμαξ, im alten Palästina *sullāmā* bzw. *sūlāmā*, z. B. die berühmte „Steige von Tyros“ *Sullāmā šel Ṣūr* bzw. *Sūlāmīṯ də-Ṣūr*. Die Κλῖμαξ μεγάλη, die von Susa hinauf nach Persepolis führte, war besonders berühmt; vgl. Plinius, Hist. nat. 5, 26 sowie Stein, Old Routes p. 2. Nach Isidor von Charax gab es eine „Parthische Steige“ bei Kerind. Weitere solche κλίμακες s. bei Pape-Benseler, Wörterbuch der griechischen Eigennamen s. v.; Vf., Geogr. Nameng. p. 46. Dazu sei noch erinnert an die *Massəqānā də-*ʿ*aqrabbīn* „die Skorpionensteige“, im Alten Testament *Ma*ʿ*ªlē*ʰ ʿ*aqrabbīm* (arab. *Naqb aṣ-ṣafā*), ca. 50 km söstl. v. Beerseba, Südgrenze des alten Israel.

Tatsächlich liegt hier nicht notwendig eine übertragene Bedeutung des Wortes „Treppe“ vor. Die alten Paßwege im Bergland sind vielfach ganz realiter Treppen; sie werden auch heute noch benutzt und sind durchaus nicht befahrbar. Dafür dienen oft in den gewachsenen Fels gehauene Stufen nicht nur den Reisenden, sondern auch den Trag- und Reittieren als Halt. In Iran sind die Spuren solcher für den Karawanenverkehr mit erheblichen Kosten hergerichteter Wege noch allenthalben sichtbar, so z. B. südlich von Isfahan beim *Určīn*-Paß (unten sub 5d), ferner zwischen Zarqān und Schiras, zwischen Kāzerūn und Schiras, bei den alten Brücken am Kašgān- und Ṣaimarre-Fluß in Luristan.

Daher finden sich also für Paßwege häufig die folgenden Ausdrücke:

palle, pille u. ä. „Treppe“, im Turfan-Pehlewi *pylg*, ein Wort ungeklärter Herkunft, das als *plk(ȳ)* vielleicht in der Paikuli-Inschrift vorliegt; vgl. Henning in BSOS 11 (1946) p. 725 Anm., 14 (1952) p. 518[6]. S.

jetzt Helmut Humbach und Prods O. Skjærvø, The Sassanian Inscription of Paikuli, Part 3, 1 pp. 27, 41, 117 (§§ 2 und 32 des Textes) und Part 3, 2 p. 20f. Statt „monument“ ist daher wohl „Treppe“ i. S. v. „Paßweg, Steige“ zu übersetzen, wie ich vor Jahrzehnten bereits vermutet und in Vorträgen und Vorlesungen dargetan habe. Zugrunde liegt möglicherweise np. *palak* „hangend, aufgehängt“, nach dem Burhān-i-Qāṭiʿ, dem die Lexika von Steingass und der Große Nafīsī s. v. folgen = np. *āvīzān, āvīχte, āvīze, muʿallaq*. Zu parth. *pylg* s. W. Sundermann in: Kratylos 28 (1983) p. 87.

Weiterbildung von *palle* ist np. *pallakān* in fast gleicher Bedeutung (aber wohl kaum für „Paß“). Daß „Leiter“ oder „Treppe“ als etwas, das hängt, begriffen wird, scheint mir nicht weniger fernliegend als etwa dt. *Leiter* zu *lehnen* (idg. *k̂lei-*; auch orographisch bedeutsam, s. Demawend I p. 305). Aber es fällt mir schwer, für *palle* (Doppel-*l* sekundär?) eine Wurzel zu finden. Bei den Kurden heißt der jähe „Berghang“, auch „Abhang, Abstieg“ *pāl(e)* (Jaba-Justi) p. 72b), was dazu passen könnte und sich vielleicht mit gleichbedeutendem np. *partˡgāh* verbinden läßt, soweit man dafür **pardˡgāh* einsetzen darf. Dann könnte nämlich auch der „Vor*hang*“ np. *parde* (phl. *pardak/partak*) wie im Deutschen auf „*hangen*“ bezogen werden. Vgl. Dinshah D. Kapadia, Glossary of Pahlavi Vendidad (1953) p. 484, wo zugleich auch phl. *partakān* als *pallegān* „Leiter“ zu deuten versucht wird. Vielleicht gehört auch np. *palak, pilk* (und Dialekte) „Augenlid“ zu unserer Wortgruppe („hängende Lider“). Kein Zusammenhang besteht zwischen np. *palle/pille* und np. *pul* „Brükke“ (kurd. *purd, pird* u. ä.), letzteres < *puhl*, av. **pərəϑu- = pərətu* – „Übergang (übers Wasser), Furt, Brücke“ (idg. *per-;* kaum als „Breitstelle“ aufzufassen, in heutigen Ortsnamen *āb-i-pahn*).

nardubān aus *nard* „Geländer“ und *bān* „Dach“ zusammengesetzt; *u* ist Labialvokal vor *b*.

zīne, kurd. *zīnūʾī, zĭnīye, zinīya*. Als „Stufe, Treppe“ ist *zīne* im Np. gut bezeugt, und es ist unverständlich, wieso Bartholomae meint, das Wort sei „ohne Beleg“ (so jetzt auch L. Bogdanov, Kābulī p. 123). Bartholomae leitet das Wort aus mp. *uzēn(ak)* „Ausgang, Aufgang“ ab (ZMirM I p. 45ff.), das im neuerdings vom Teheraner Farhangistān wieder aufgenommenen *hazīne* „Aufwendung, Ausgabe“ (= arab. *ḫarǧ-u-maḫāriǧ*) fortlebt. Man könnte freilich auch an av. **tačina-* n. „Steige“ denken (oben p. 7; s. sogleich), zu *tak-* „laufen“ (idg. *tekʷ-*), um die erste Silbe gekürzt.

určīn „Treppe“. Hier denkt man wieder an av. **tačina-* n. „Steig“ + mp. *ur* = *ul* „hinauf“ (ai. *ūrdhva-*; kurd. *hūr*). Das *i* wäre unter dem

Einfluß des Tones gelängt (kein Maǧhūl-Vokal!). Daß die Wälder *χvāˈta-čina-* „gut zu begehen" seien, bittet Yašt 16, 3. Man denkt bei *určīn* auch an *čīn* von *čīdan* „schichten": an „aufgeschichtete" Stufen, so wie np. *parčīn* „Umzäunung, Umwallung" ist. Zusammenhang mit *zīne* (oben)?

pā(i) oder *pāye* „Fuß, Tritt", < *pāda(ka)-*.

nāγūl, niγūl „Leiter, Treppe" des Hauses bzw. deren Überdachung (BQ) erscheint wohl in der geographischen Namengebung überhaupt nicht. Herkunft?

asin (Ost), *asinä* (West) „Treppe, Leiter" ist ossetisch; nach Ws. Müller im GIrPh I Anhang p. 16 wäre es eine Bildung auf *-ínä*, doch leitet Georg Morgenstierne, An Etymological Dictionary of Pashto (1927) p. 78 das Wort von **āˈsrišna-* ab, ähnlich wie

ṣəl „Treppe" bei den Afghanen, Wazīrī *šəl* m. < *śrita-*, wie Hindī *sīṛhī* „Leiter" < **śliṣṭikā* zur Wurzel *k̂lei-* wie κλῖμαξ, dt. *Leiter, Lehne* (s. oben p. 19) u. a. m. Geographische Beispiele sind mir nicht zur Hand.

Die belutschischen Wörter für „Treppe, Leiter", die Gilbertson, Dict. gibt, habe ich auf Karten und sonst noch nicht feststellen können: *pauṛ(h)ī, padiānk, pursāng* (Pašto *pārčang*) und *čaṛandī* (zu Sindhī *čaṛnī* „Leiter" und *čaṛhī* „Aufstieg").

Über einige Leiter-Wörter in neuiranischen Mundarten hat Aḥmad Tafażżolī in JA 1970 pp. 87–89 gehandelt.

a. PaßN *Sīˈpelle = siyāhˈpelle* „schwarze, d. h. unheimliche, gefahrdrohende Treppe", am Oberlauf des Kašgānˈrūd in Nordluristan, 1938 von mir mit der 2. amerikanischen Luristan-Expedition erklommen: *Tängye Sipelä* auf dem südlichen Blatt von A. Teufel's Aufnahmen in Luristan (1917). Es ist offensichtlich derselbe Ausdruck, der im ON *Siyāhˈpelek* bei Māhīdašt sich findet. Vgl. ähnlich den ON *Siyāhˈpāye* bei Sanandaǧ (FǦ 5; unten sub 5e) und vor allem den

ON *Siyāˈpale* (zu Kermanschah FǦ 5). Ob dazu *Siah Pellas,* Ortsteil der Lār-Ebene bei Hedin, Diss. p. 322 ?

BN *Kūh-i-Chehārdehpale* „vierzehn Treppen" westl. v. Farēdan (Isfahan) auf Sh 9 H.

PaßN *Palleˈzard* bei Rāvanǧ im Kargas-Gebirge (Gegend von Ǧaušaqān-qālī).

PaßN *Pilla/Pille Kabūd* beim Ṣaimarre-Rūd.

BN *Sar-i-Pilleh Baǧdī (= bāǧˈdih?),* nach der Karte südöstlich von Pul-i-Zāl.

BN *Pell-i-Tufengī* bei Ṭabas, nach Hedin, Zu Land II p. 109 „Flintenhügel".

ON *Nūr-pele* vielleicht zum StN *Nūr*, bei Gumbad-i-Qābūs (FĞ 3). Fraglich ist die Zuweisung bei den Ortsnamen

Palkane und *Palko* östl. v. Altın Köprü, am Kleinen Zab (bei Edmonds, Kurds). Auch ON *Pālkānlū* in Chorasan (FĞ 9) ?

Vor allem hierher der Landschaftsname

Ğā'palaq d. i. *ğāy-i-palle,* zum nordlurischen Burūğird gehörig, auf dem Wege von Karağ Abū Dulaf (h. > Dilfān) nach Isfahan. Nach dem GrNafīsī gab es noch zwei Dörfer namens *Ğā'palak,* eines zu Rai, das andere in Chorasan (nicht in FĞ 1 und 9). Überdies erwähnten wir eben bereits ein Dorf *Siyāh'pelek* als gleichbedeutend mit *Sī'pelle* bei Māhīdašt. Die Vorform *palak* für *pale, pelle* ist also gut gesichert. Eine Bestätigung findet unsere Deutung von *Ğā'palaq* durch die Angabe Mustaufīs p. 70 *ʿUrūğ yaʿnī Ğā'palaq.* Das hier als Eigenname auftretende *ʿUrūğ* (verlesen bei Barbier de Meynard p. 147) heißt bekanntlich „Aufsteigen, Anstieg". Auch der Name des in dortiger Gegend befindlichen Ortes *Arğīn* deutet auf eine „Steige, Stiege" hin, wenn man ihn als *určīn* „Treppe" ansprechen darf (s. Weiteres unten sub 5 d).

b. PaßN *Nardubān'pāya* s. Verf., Demawend I pp. 298 und 358 Anm. 198; *pāya* könnte hier für vorangestelltes *pāy-i* . . . „zu Füssen von . . ." stehen, es kann aber auch einfach die „Stufe" bezeichnen und zwar hier vielleicht weniger die „Treppenstufe" als die „Bergstufe", d. h. eine „Felswand" (= türk. *qaya*). S. sub 5 e.

EngpaßN *Dahāne-ye Nardabān* am Harī-Rūd, Dreiländerecke (FĞ 9, sub Mesched).

ON *Nai-nardebām* (mit *-ām* < *-ān!*) an der Straße Masğid-i-Sulaimān – Haft'gil (FĞ 6).

Das von den Türken als *merdiven* (u. ä.) „Leiter, Treppe" entlehnte Wort ist weit gewandert:

PaßN *Merdewèn* auf der Krim in Südrußland; anschauliche Schilderung der in den Felsen gehauenen Stufen, über die die Tatarenpferde gewandt klettern, in den Erinnerungen aus dem Leben des Kaiserlich Russischen General-Lieutenant Johann von Blaramberg II (1874) p. 454.

PaßN *Nerdiban(lar)* zwischen Penek und Ğinis, bei Taeschner, Wegenetz II Taf. 39.

FlN *Merziman Çayı/suyu* nach Duda, Ibn Bībī p. 83f. allerdings wohl aus *merzbān* (vgl. ON) verballhornt.

Als Ortsnamen finde ich in Köylerimiz, der offiziellen türkischen Dörferliste, die Formen *Merdivan, Merdivanli, Nerdiban, Nerdivan, Ne-*

reban. Im Osmanischen bezeichnet *k̊irk'merdiven* „40 Stufen" geradezu den „Steilhang" (vgl. sofort *Čihil'zīna*).

Schließlich kennzeichnet bei den Indern das weitbekannte Wort *ghāṭ* keineswegs nur die „Treppe zum Fluß", sondern ebensosehr auch die „Gebirgssteige"; vgl. Verf. in: Die Sprache 6 (1960) p. 112 Anm. S. unten sub 6 afgh. *wat.*

Tief in Asien gibt es den türkischen

PaßN *Shota Dawan* d. i. *šotā davan* „Leiter-Paß" bei Hedin, CAA p. 73a. Vgl. *šātu* „Leiter" im Iškāšmī.

c. *Čihil-zīna* heißt ein Aufstieg außerhalb Kandahars auf dem Wege nach Herat; s. Gabriel, Einsamkeiten p. 167 sowie Percy Sykes, Afghanistan Map. Die Zahl 40 dient zur Angabe einer unbestimmten größeren Anzahl wie oben auch in *k̊irk merdiven* oder im anatolischen ON *K̊irk geçit* sowie unten sub 5e im PaßN *Čehel-pāi.*

Tang-i-zīna bei Dārāb'ğird in Fārs; LeStrange p. 289 nach Mustaufī.

Vielleicht auch das kurdische Bergdorf

Mama-zīne in Mah'ābād (früher Ṣāuğ'bulāγ (FĞ 4).

Gūr'sīne würde nach Zetterstéen bei Hedin, Ostpersien II p. 312 „Eselstufe" sein (Hedin verwechselt oft nach mitteldeutscher Art *s* mit *z*, bzw. Media mit Tenuis). Über *sīne* „Brust" beim Berg s. Demawend I pp. 300, 361, 371.

Wahrscheinlich gehört noch eine ganze Reihe mit *zīn* gebildeter Namen zu unserem *zīne* „Treppe", doch ist die Abgrenzung gegen *zīn* „Sattel" bzw. älter „Waffe" schwierig. Ich denke etwa an Ortsnamen wie

Kūh'zīn in Zanğān (FĞ 2),

Zīn'pošt zu Mesched (FĞ 9).

Im Kurdischen hat das Wort eine erweiterte Form, von einigen *zīnū'ī* geschrieben (Bahman-i-Karīmī), z. B. die PaßN

Zīnū'ī Xān Aḥmad

Zīnū'ī Ğāsūsān „Spionenpaß"

Zīnū'ī Šaiχ

Zīnū'ī Dōlā'χānī „Bachquellenpaß"

Zīnū-i-Kurtak nach dem Berge *Kurtak* bei Edmonds, Kurds p. 243.

Andere umschreiben mit *u* > *i*-Verdünnung *zīnĭya,* z. B.

Zīniya Beri „Eichenpaß", kurd. *beri* = *ballūṭ,*

Zinīya Berdiya „Steinpaß" (*bard* im Zagros und Fars = *sang*).

Weitere kurdische *zīnū(ī)*-Pässe z. B. in Iran 11 (1973) pp. 6, 9, 11, 13, usf. nebst Karte.

Mit *zīn* „Sattel" d. h. „Bergsattel", welches unserer heimischen

Namengebung so naheliegt, haben alle diese Formen gewiß nichts zu tun, vgl. schon Vf., Demawend I p. 359 Anm. 205. Auch unser *Joch,* neugr. ζυγός (Bonacker), im Kaukasus (Tschetschen.) *duq̇* (Deeters im Handbuch der Orientalistik I/VII, 1963, p. 49) ist dem Vorderen Orient in orographischer Bedeutung offenbar fremd.

d. Möglicherweise mit *zīne* „Treppe" etymologisch verwandt ist das NW-Wort *(h)určīn* (oben p. 19), das man u. a., in der ganzen Isfahaner Gegend, also im alten Südmedien, hört: in Anäräk *hörčín, hóčin, húrčin* u. ä., bei den Zoroastriern, die ja ihrer eigenen Erinnerung nach aus dem nördlichen Rai nach Jesd und Kerman ausgewandert sind, *röčīnä* u. ä. Auch die np. Wörterbücher verzeichnen *určīn:* reimt auf *χurǧīn* „Satteltasche"; von den Europäern fälschlich als *arčīn* weitergegeben! Selbst im Osmanischen erscheint *určīn* als *örçin* mit der Bedeutung „Strickleiter" (Heuser-Şevket); doch halte ich es für wahrscheinlich, daß *určīn* auch als *örçün* in den anatolischen Ortsnamen *Örçün, Örçünlü* und *Örçü(n)ler* steckt.

PaßN *Kotal-i-Určīn(ī)* unmittelbar südlich von Isfahan auf dem Wege nach Schiras mit eingehauenen Treppenstufen, jenseits der eine Schlucht benutzenden Straße (von mir besucht). Bei H. Brugsch, Reise ... nach Persien II (1863) p. 110; G. N. Curzon, Persia and the Persian Question II (1892) p. 61; Vf., WIrM II p. 746.

Určīnī (Vullers, Steingass und alle die anderen, die ihnen folgen, vokalisieren (fälschlich) *Arčīnī,* ebenso Schwarz p. 455[2]). Das ist nach BQ ein Berg in der Umgebung von Isfahan und zweifellos nach dem *Určīn*-Paß benannt (Bergname nach Paßnamen wie oben p. 9 *Xāχāˈṛē* und unten sub 10 *Hindukusch*); heute heißt der schroffe Bergzug *Šāhkūh.* Vielleicht namensgleich der Ort

Arǧīn in Ǧāˈpalaq (oben sub 5a p. 21).

e. Np. *pāye,* auch wohl kürzer *pā(i)* „Fuß, Tritt, Stufe" läßt sich ebensowohl auf eine Treppe oder Leiter beziehen wie auf den Berg selbst als „Bergstufe, Bergabsatz", also „Felswand" (wie türk. *qaya*; s. oben sub 5b). Außerdem kann es als *kūhˈpāye* sog. *piedemont*-Namen bilden, worüber ich schon früher einmal kurz gehandelt habe (Demawend I p. 292ff.; Die Sprache 6, 1960, p. 125[83]).

PaßN *Čehel Pāi* „40 Stufen", ein Belutschen-Hinterhalt in der Lut; Sykes, Ten Thousand p. 37,

ON *Siyāhˈpāye* zum kurdischen Sanandağ (FĞ 5; oben sub 5a).

ON *Pāye* im Gebirge (zu Mesched FĞ 9). Auch dt. *Treppe* ist ursprünglich die Einzelstufe (zu *trappen* „treten").

PaßN *Nardubānˈpāye* (s. oben sub 5 b).

6.

Es ist die Frage, inwieweit wir für den Hochpaß auch Wörter finden, die unserer *Kerbe, Scharte, Lücke* besonders in der Alpenwelt, *notch* in den USA entsprechen. Ich glaube kaum, daß es allzu viele gibt, und verweise Wörter wie *čāk, galū, kand, karv(e), zǎv,* arab. *šaqīqa* u. ä. in die Gruppe der Engpässe. Doch wird das belutschische *χandaγ* von Gilbertson ausdrücklich als „a pass over the crest of a hill" charakterisiert.

Hoch- und Engpässe sowie darnach benannte Siedlungen mit *kand* (auch allein *Kand;* nicht zu verwechseln mit türkisiertem *-qand* „Dorf, Stadt") sind über ganz Iran verbreitet, nicht nur im Elburs (FǦ 1); dort z. B. der bekannte heute durchtunnelte *Kandevān*-Paß an der Čālūs-Straße (Bobek, Taχt-i-Sulaimān p. 264 und Karte).
Auch afgh. *wat* „Bergpfad, (Hoch-)Paß" ist eigentlich „der Einschnitt, Zwischenraum" (< *baχta-* „gebrochen"; zur Wz. s. Demawend I p. 363); so schon oben sub 3. Ihm vergleicht sich (s. Doerfer IV p. 1 Nr. 1708) türk. *gedik.* Denn dies meint gleichfalls ursprünglich „Einschnitt, Kerbe", die „Bresche, Lücke, Gasse". *Gedik* ist überaus häufig auch in der Ortsnamengebung Kleinasiens. In der Form *gaduk,* oft *kadūk* geschrieben und auch gesprochen, ist das Wort in vielen Namen über ganz Iran verbreitet. So in den PaßN

Gadūk 1. bei Fīrūzˈkūh (Straßen- und Bahnübergang nach dem Kaspischen Meer); 2. in Rūm nach Mustaufī p. 99,

Gaduk-i-Sang Safīd bei Daulatˈābād-i-Malāyir (Routes in Persia, Simla 1914, p. 11),

Gaduk-i-Ḥaivānˈdar in Nordluristan (unten sub 10).

Dazu kommen Bergnamen wie

Kisilˈgjaduk, Quellort der transkaukasischen Kura,

Kūh-i-Šaiχˈgadūk bei Mahābād in Kurdistan (Ǧuγr. p. 148).

Für die Ortsnamen stehe *Akhˈgadūk* (d. i. türk. *aq* „weiß") zwischen Zanǧān und Ober-Ṭārom (EI[1] sub Ṭārom).

Bisweilen scheint *Gaduk* mit türk. *kuduk* „Brunnen" (osm. *kuyu*) vermengt zu werden.

Erinnert sei im semitischen Bereich an „Paß" ← Durchschnitt/stich": hebr. *néqeḇ* (ON im AT) und arab. *naqb* (in PaßN; *n-Q B*) sowie an arab. *ʿaqaba* f. (darnach die Hafenstadt *ʿAqaba* am gleichnamigen Golf; *ʿ-Q B*). Arab. *faǧǧ* „Paßweg, Straße zwischen zwei Bergen" gehört zu „(die Beine) spreizen" und *P G – r* „spalten", *P G – w* „öffnen".

7.

Es gibt, von Landschaft zu Landschaft wechselnd, noch eine ganze Reihe von Ausdrücken für den Hochpaß. So ist in der Gegend von Kabul neben *kotal* auch *band* üblich, von den Kurden und anderen oft *ban(n)* gesprochen. Wir verzeichnen so den Bergnamen (BN ← PaßN)

Band-i-qāzānˈšikan „Kesselzerbrecher" (unten sub 10).

Pasˈband in einer Ebene gelegenes Dorf, zu Lār (Eškanān – Gāvˈbandī FĞ 7), „hinter dem Paß", also wie der ON *Poštˈmole* (s. p. 14ff.).

Geläufig ist *band* vor allem im Kompositum *darˈband,* welches sowohl für den Hochpaß wie für die Bergenge steht. Man kennt am berühmtesten *Derbent* = *Darband* am Kaukasus (bei der Alanischen Pforte: *Dar-i-Al* = *Bāb al-abwāb*). Von den Türken, bei denen *derbent* oder *dervent* durchaus auch den „Hochpaß" bezeichnet (Heuser-Şevket nur „Engpaß") übernahmen die heutigen Griechen das Wort als δερβένιον „Enge, Paß". Bei den Arabern ist *darband* zu *darb* „Bergpfad" (pl. *durūb*) und dies weiter zu „Weg, Straße" überhaupt geworden (EI[1] I, 1913, s. v.; s. oben sub 3). In den Bachtiaren-Bergen ist auch *kift* üblich (KPF I p. 188), das als *kaft* ebensowohl zu *iškaft, šikaft* „Schlucht, Höhle" gestellt werden kann, wie es die Metathese von arab. *kitf* „Schulter" sein mag. Dieses *kift* erscheint bei manchen Kurden als palatalisiertes *čift* und zwar neben *čiwān,* das wieder auf ein iranisches *kav-/kaftan* hindeuten könnte. Schulter → Bergrücken („des Berges Schulter" in Dantes Göttlicher Komödie) fällt in die Gruppe der Körperteilnamen, welche Teile des Berges bezeichnen (Demawend I p. 371 Anm. 237); vgl. hebr. *kêṯef har* und den Städtenamen *Šəḵem* Sichem. Ähnlich schon oben (sub 1) über Rücken → Paß in np. *pušte* und lur. *māz(ä),* engl. *ridge.*

Im Sinne des Verriegelns, Abschließens erscheint auch *bast* als „Paß": im Sīvändī *bäs* „Bergübergang" (WIrM III s. v.). Darnach wohl zu interpretieren die ON *Bastˈband* und *Bastˈqalāt* (zu Lār FĞ 7).

Mit „Paß" wird gelegentlich auch gleichgesetzt eine „schwer zugängliche Berggegend", die es zu überwinden gilt: np. *saχt, saχtī* (in Gäz bei Isfahan *säχtūn*; s. Demawend I p. 365 Anm. 221 und WIrM II p. 731). Hierzu die Ortsnamen

Sar-saχtī bālā/pāʾīn zu Arāk (FĞ 2).

Saχt(e)-sar alter Name für das euphemistisch in *Rāmˈsar* umbenannte Gebiet am Ufer des Kaspischen Meeres, zu Šahˈsavār (FĞ 3).

Sīˈsaχt am Fuß eines hohen schwierigen Passes, wo die Fahrstraße endete, nordwestl. v. Yāsūğ (FĞ 6), im Vorderglied *sī* entweder „drei(ßig)" oder < *siyāh* „schwarz" i. S. v. „unheimlich, unheilvoll" (s. oben p. 20 *Sīˈpelle*).

Np. *saχt* „schwierig, hart" wohl < *staχta-* „stark, fest" (AirWb 1591) mit *ˈst°* > *iss°* wie der Gewichtsname *sīr* < *ˈssīr* < στατήρ oder mundartl. *salχ/selχ* für *istaχr* „Teich" < *staχra-* „fester sc. (Stau-)Damm" (Vf. in ZA 53, 1959, p. 251 Anm. 6).

Im Gäzī ist *säχtūn* „ein schwer zugänglicher Ort im Gebirge" (WIrM pp. 57, 573, 731). Andere Etymologisierungsversuche von np. *saχt* bei Georg Morgenstierne in IIFL 2 (1938) p. 249b und bei Henning, Mitteliranisch p. 109 Anm. 2.

In Opposition zu den *saχt*-Namen stehen offensichtlich die *sahl*- und *sabuk*-Namen der Toponymie, die sich jedoch nicht immer unbedingt auf Bergübergänge zu beziehen brauchen.

Hier läßt sich vielleicht noch nachtragen ein sehr einfaches Wort: *zabar,* np. *ziˈbar* d. i. *az-bar* „Oberes; Gipfel, Spitze", als „Paß" im Namen der kurdischen Hochgebirgsdörfer

Čahār-zabar (bālā/pāʾīn) in Bāvandˈpūr (zu Šāhˈābād FĞ 5).

Zabar-kūh Gebirgsdorf zu Firdaus (Yaχˈāb – Ṭabas FĞ 9).

Ebenfalls in Chorasan heißt ein ganzes Gebirgsland

Zabar-Xān, zu Neišābūr (Qadamˈgāh FĞ 9).

8.

Zu den reizvollsten Vorstellungen, die sich in ganz Zentralasien mit der Erscheinung sehr hoher Berge und Paßübergänge verbindet, gehört der Glaube, daß selbst die Vögel sie nicht mehr überfliegen könnten. Die Höhe der Berge verbindet sich auch bei uns ganz natürlicherweise gern mit der Vogelwelt. So haben wir in Deutschland unser *Adlergebirge,* den *Vogelsberg,* den *Spessart* (< *Spechtshart*), den *Habichtswald.* Schon altiranisch ist der *Upairiˈsaēna-* das Gebirge, das „höher als der Adler" ist. Av. *ərəziˈfya-* „Adler" (np. *āluh*) ist zugleich Name eines Berges (Yašt 5, 45 und 19, 2; AirWb 354). Heute gibt *kargas* „Geier" dem großen Gebirgsmassiv zwischen Isfahan und Qum seinen Namen *Kūh-i-kargas* (av. *kahrkāsa* m. „Hähnefresser" → „Geier"; vgl. *lāšˈχ°ār*). Bei den Indern liegt die gleiche Vorstellung im BN *Gr̥dhraˈkūta-* m. „Geierspitze". Es gibt ein „Falkengebirge", den *Kūh-i-bāz* nördl. v. Bandar ʿAbbās (K. Meier-Lemgo, Engelbert Kämpfer, 1917/1937, p. 82) und wohl noch öfter. Auch einen *Šāhīn-kūh* habe ich mir notiert. In Nordluristan ritt ich an einem *Daleˈgī(r)*-Gebirge entlang (einem südlichen Parallelstock zum Sarkaštī-Massiv) mit einem Saumpfad-Paß *gardanˈgāh-e Dālegī,* der ins *garm(ā)sīr* („Warmland") hinabführt. Einen *Kūh-i-dāl* „Adlerberg" führt Sven Hedin in seinem Ostpersienbuch auf (I p. 42, II p. 323), und den kurdischen Paßnamen *Dāḻāˈṛē* haben wir (oben sub 3) erwähnt. Freilich der als „Vogel-Ruch-Paß“ gedeutete *Garīve-i-Ruχ* westl. v. Isfahan erklärt sich wohl als eine naheliegende Volksetymologie (oben sub 4b).

Den Namen der berühmten Ismailitenburg *Alamūt* in den Elbursbergen nördlich von Qazvīn zerlegt Ḥamdullāh Mustaufī Qazvīnī in seiner Tārīχ-i-guzīde (730/1329) in *āluh-amūt* und erklärt das als „Adlernest“: *Āšiyāne-i-ʿuqāb* (Passus abgedruckt in Salemann-Shukovskis Persischer Grammatik p. 5*). Allein ein *amūt* o. dgl. im Sinne von Nest läßt sich nirgends nachweisen, und ich vermute daher (von fern!), daß dieses *ămūt* mundartlich für *āmūχt* steht, mithin *Alamūt* = **āluh'āmūχt* „(den Höhenflug) vom Adler gelernt“. Folgen wir der herkömmlichen Deutung Mustaufī's als „Adlernest“, so hat *Alamūt* im syrischen Klosternamen *Qen-nešrē* „Nest der Adler“ seine Parallele, die aber wiederum schon Vorgänger hat.

Die assyrischen Könige, Kenner des Zagros-Grenzlandes, schildern die Sitze der iranischen Räuberfürsten im Zagros *ki-ma qi-in u-di-ni*^mušen^ als das Nest des Udinu-Vogels“ (Aššurnāṣirpal) oder *ki-ma qin-ni našri* „als eines Adlers Nest“ (Sanherib). Vögel können den Berg ^ḫursag^*Ú-a-aš* (in ^kur^*Ú-iš-di-iš*) nicht überfliegen: *ù iṣ-ṣur šamê*^e^ *mu-up-par-šu ṣi-ru-uš la i-ba-ʾ-ú-ma* . . . „über den hin selbst der beschwingte Vogel des Himmels nicht steigt . . .“ (Sargon). Die echt orientalische Hyperbel besteht darin, daß Höhe und Eiseskälte nicht einmal Vögel dort wohnen lassen („not even a crow could fly“: Freya Stark, Assassins, ed. 1937, p. 311). Der Bergname Ἄορνος in Afghanistan (= **Avarna,* heute > *Ūṇa;* oberhalb von Pīr'sar) sagte mit Aurel Stein (Alexander's Track, p. 152) griechischen Ohren deshalb so zu, weil er einen „Berg, wo es keine Vögel mehr gibt“ zu bezeichnen schien (die ἄορνα ὕψη „vogellose Höhen“). Vom erwähnten *Kūh-i-kargas* bei Naṭanz sagt Mustaufī, Nuzhat (740/1340) p. 199, er heiße deshalb so, weil infolge seiner Höhe der Geier ihn nicht mehr überfliegen könne: *az bulandī kargas bar firāzaš námīparrad va-badān sabab badīn nām mašhūr ast.* Ein sehr hoher Felsen oberhalb des Yāsīn-Darkōt-Tales trägt den Namen *Upaiyōt,* den man dem durchreisenden Aurel Stein als „higher than birds can fly“ interpretierte (Innermost Asia II, p. 41). Ähnlich sagt Ibn Bībī, daß das gefahrvolle Bergland, durch das hochrangige Personen geschleust werden mußten, selbst im Traum nicht vom Adler überflogen werde (ed. Houtsma p. 159; in Duda's Übersetzung p. 159). Kein Wunder, daß bei den Kurden nicht nur ein Paß *Ben-Álo* „unterhalb des Adlers“ (*pāy-i-āluh*) heißt, sondern der Name auch als Appellativum für „Paß“ schlechthin steht. So wenigstens *ben-álo* bei den Gelbāγīs (vgl. Demawend I p. 299).

9.

Im übrigen können Bergübergänge, gleich ob Hoch- oder Tiefpaß, begreiflicherweise nach den verschiedensten Gesichtspunkten ihre Namen haben. Am häufigsten heißen sie nach der Umgebung, etwa nach dem Gebirge, über das sie führen, oder nach dem nächstgelegenen Ort:

Gardane-i-ʿAbbās'ābād, der von Kermanschah nach Hamadan hinaufführt (große Straße),

Kotal-i-Kemāriğ in Fars (Sykes, Ten Thousand p. 316 usw.)

bzw. nach dem Ort, der als Reiseziel gilt. So die schon (oben sub 2) erwähnten Paßnamen

Guḏar-i-Xabīṣī nach *Xabīṣ* (heute Šah'dād),

Guḏar-i-Xūrī nach *Xūr,* Oase in der Kavīr (nöstl. v. Nāʾīn FĞ 10).

Auch nach Karawanseraien heißen sie, die gewöhnlich zu Füßen der Pässe liegen (*rubāṭ, χān, sarā(i)* u. a. m.), oder nach Schmieden (*āhan'garān,* kurd. *āsin'gerān,* arab. *ḥaddāda* bzw. *naʿl'band*), da die Hufeisen der Karawanentiere oft ihre Nägel verlieren oder ganz verloren gehen (Demawend I p. 334 Anm. 131). Hierher wohl auch der

Qaṭār Sum Kotal mit *qiṭār* „Karawane", *sum* „Huf" oder *sunb-īdan* (Map Kabul[5] 1 : 1 Mill.).

Ein weiteres namengebendes Element sind die an den Pässen sitzenden Stämme, die den Reisenden auflauern und, wenn sie sie nicht ausplündern, zumindest ein Durchreisegeld für gewährtes sicheres Geleit fordern. Daher ON wie wohl schon

Patigrabanā- bei den Achämeniden (Inschrift von Bīsutūn 3, 4f.),

Bāğ'ğāh zwischen Schiras und Persepolis (FĞ 6),

Bāğ'gīrān zu Ardal – Puštekūh am Berghang (FĞ 10),

Sar-i-Pelle-bāğ'dih (falls so zu erklären; oben sub 5a).

Auch Bäume erfreuen sich großer Beliebtheit, etwa die Platane (*čenār*), aber auch andere:

Godār/Kotal-i-Gīšū „Oleanderpaß" (Sykes, Ten Thousand p. 174; oben sub 2),

Zinīya Beri „Eichenpaß" (oben sub 5c)

oder Quellen:

Šīrīn Bulāq „Süsse Quelle" (halb türkisch) an der Straße zwischen Qum und Teheran (auch sonst),

Žerežn'āu „Steinhuhnwasser" in Nordluristan (Vf., Demawend I p. 359).

Häufig enthalten die Paßnamen Anspielungen auf die Bodenfarbe:

Akh-Gadūk. d. i. *aq'gaduk* „Weißer Paß" (oben sub 6),

Kisil-Gjaduk, d. i. *q̊iz̊il'gaduk* „Roter Paß" (oben sub 6),

Mille-Kabūd „Taubengrauer Paß" zu kurd. *mul, mil* (oben 4c),
Pille-Kabūd „Taubengraue Treppe" (oben 5a),
ON *Gardane-sorχ* in Ǧīruft (FǦ 8, oben 4a) „Roter Paß".

Auch bei Türken und Mongolen finden wir die Beziehung auf die Bodenfarbe (immer darnach?) des Passes recht oft. Etwa bei Hedin, CAA die türkischen Namen *Aq-bel, Buz-bel-tepe-davan, Kara-bel, Kara-davan, Kök-(art-)davan, Kök-bel, Kök-boynak-davan, Kök-boyun, Q̊iz̊il-art, Q̊iz̊il-davan, Sar̊iγ-bel-davan, Sar̊iγ-art/köl-davan* u.a.m. Mongolisch ebenda *Qara-dabaγan, Qara-kötöl, Ulaγan-dabaγ(a), Ulaγan-kötöl-dabaγa* u.a.m., bei Haltod-Heissig *Čaγan-dabaγa, Čaγan-kötöl, Köke-kötöl, Šara-dabaγa* usw.

10.

Erwähnt sei nun noch zum Abschluß, daß die iranische Bergwelt einen ganz besonderen Typ von Paßnamen entwickelt hat, den ich nach seinem bekanntesten Vertreter den *Hindukusch*-Typ genannt habe. Er ist charakteristisch für die iranische Namengebung und kehrt so anderswo nicht wieder. Kennzeichnend ist die äußere Zusammensetzung: Objekt im Akkusativ und verbales Endglied:

Hindū'kuš „Inder tötend, Indertöter"

– also ein gutes iranisches Kompositum. Heute freilich ist *Hindukusch* der Name eines Gebirges, aber das hängt damit zusammen, daß Gebirge sehr gern nach ihrem wichtigsten Übergang genannt werden; man denke nur an die oben genannten Bergnamen *Kūh-i-Šaiχ'gadūk* oder ganz einfach *Kisil'gjadūk* (sub 6 und 9) oder an den *Xāχā'ṛē* (sub 3). Unsere Formel: PaßN → BN.

Paßnamen des Typs Hindukusch, auf Karten und in Reiseberichten, gibt es wie Sand am Meer. Niemand, der die Reihe von Namen an sich vorüberziehen läßt, kann an der ursprünglichen Natur des Namens Hindukusch mehr zweifeln. Die auch unter Orientalen gelegentlich vorkommende Umbenennung *Hindū'kūh* „Inderberg" ist abzulehnen. Da ich über den Hindukusch-Namen noch monographisch handeln möchte, erspare ich mir Dokumentation ebenso wie längere Erklärungen und verweise einstweilen auf meine Geographische Namengebung (1982) p. 44f. Das verbale Endglied lautet etwa

-kuš: *ʿAlī'kuš* „Alitöter"
Barre'kuš „Lämmertöter"
Buz'kuš „Ziegentöter"
Gāv'kuš „Rindertöter", kurd. *Gā'kuže*

Gūrˈkuš „Wildeseltöter“
Ḥaivānˈkuš „Viehtöter“
Kāravānˈkuš „Karawanen tötend“
Kāulīˈkuš „Zigeuner tötend“
Xarˈkuš „Eseltöter“
Quliˈkuš „Sklaven tötend“
Šīrˈkuš „Löwentöter“
Ušturˈkuš „Kameltöter“
-zan: *Galleˈzan* „Herdenschläger“
Gāvˈzan „Rinderschläger“
Xarˈzan „Eselschläger“
-šikan: *Dandānˈšikan* „Zähnebrecher“
Kalˈšikan „Böcke/Widder brechend“
Naʿlˈšikan „Hufeisen zerbrechend“
Qāzānˈšikan „Kesselbrecher“.

Bei uns in Franken gibt es den *Kniebrecher* oder die *Kniebreche* als Namen für steile Pfade, auch den *Schinder* (Bach II §§ 221, 1e; 750).

Noch andere verbale Endglieder sind möglich:
Barreˈsūz „der die Lämmer sozusagen verbrennt“
Daleˈgīr „Falkenfänger“ (oben p. 26 sub 8)
Gauˈšumār „Rinderzähler“ (Zollstelle), Engpaß in Nordluristan
Ḥaivānˈdar „Viehzerreisser“ (oben sub 6)
Mardˈāzmā „Männer erprobend“ (im Np. = „Gespenst“)
Rīšgīr „Bartergreifer“, auf türkisch *Saqalˈtutan*
Rīšˈkaš „Bartzieher“
Siyāh-Barreˈχ^{v}*ar* „der schwarze Lämmerfresser“.

So gut iranisch diese Namen alle klingen, so wenig darf man zu ihrer Beurteilung türkische Parallelnamen außer Acht lassen wie den eben erwähnten *Saqalˈtutan* „Bartergreifer“; in Anatolien gibt es einen ganzen Schwarm von Dorfnamen, die zweifellos auf die Schwierigkeit des Weges hinweisen, so
Gâvurˈkı̊ran „Christenbrecher“
Keçiˈkı̊ran „Ziegenbrecher“
Koyunˈkı̊ran „Schafbrecher“
Nalˈdöğen „Hufeisenzerschlager“
Öküzˈöldüren „Stiermörder“.

Sollten die iranischen Namen erst unter türkischem Einfluß aufgekommen sein, oder liegt das Verhältnis umgekehrt? Es ist natürlich nicht gesagt, daß hier immer die richtige Deutung gegeben wurde. Manchmal könnte etwa ein ähnlich gebildeter Mannesname oder der Beiname eines Mannes vorliegen, nach dem der Paß oder eine Ortschaft benannt ist.

Umgekehrt erhellt sich aber vielleicht der Sinn des verhältnismäßig jungen Namenspaares, das die beiden Pässe zwischen Kāzerūn und Schiras heute tragen. Sie sind, noch immer vom Autofahrer gefürchtet, bekannt als

Kotal-e-Pīrezan und *Kotal-e-Duχtar,*

also als der „Paß der Alten Frau" und der „Paß des Mädchens". Ebenso gibt es, und zwar in Chorasan, ohne die Parallele mit dem Mädchen, einen Engpaß namens

(Dahane-i-)Zāv-Pīr'zan (Curzon I p. 123).

Darf man vielmehr in *pīr(e)'zan* nicht die „Greisin", sondern einen „Altenschläger", d. h. einen Paß vermuten, dem alte Leute nicht mehr gewachsen sind? *Pīr(e)'zan* konnte leicht in „alte Frau" umgedeutet und nach dem Vorbild der oppositionellen *mādar-duχtar-* oder *pisar-duχtar-*Namen ein „Mädchen-Paß" neu hinzuerfunden werden. Mag sein, daß auch der Ausdruck für die Kälte der letzten Winternächte: *sarmā-i-pīr(e)'zan,* die auch arab. *muʿallil* genannt wird, später als *bard-i-ʿağūz(a)* verstanden wurde. Das ist freilich unsicher. Hochpässe sind bitterkalt.

Der Name Hindukusch wird, wie bekannt, gern mit einem bestimmten Ereignis verknüpft, nämlich dem Untergang des Heeres von Šāhğahān, als es i. J. 1056/1645 den Hindukusch überschritt, um die Özbegen zu besiegen. Tatsächlich gibt es solche Ereignisnamen, und sie sind besonders bei den Türken Zentralasiens beliebt. Der Name *Hindū'kuš* kommt jedoch schon vorher in den Memoiren Kaiser Babers (1483–1530) vor, ist also älter: wie alt, wissen wir leider nicht. Seinem Typ nach ist *Hindūkuš,* wie gezeigt, kein solcher Ereignisname. Aber Pässe sind natürlich Stätten großer historischer Vorgänge, sind Zeugen von Stammeszügen und ganzen Völkerwanderungen bis zu den entscheidenden Schlachten der Weltgeschichte, die mit Vorliebe an den umkämpften Übergangsstellen der Gebirge geführt zu werden pflegen.

Pässe sind aber nicht nur das. Der Religionswissenschaftler und Ethnologe erkennt in ihnen oft Örtlichkeiten erhöhter religiöser Weihe; nicht umsonst sind sie von alters her häufig mit Heiligtümern oder anderen Zeichen der Gottesverehrung geschmückt. Mein Augenmerk galt hier lediglich der sprachlichen Struktur ihrer Namen. Diese mühselig aus verschiedenwertigen Karten und Itinerarien, aus Reiseberichten und Geschichtswerken zusammengestellten Materialien wollen lediglich einen typologischen Überblick bieten. Sie sollten in Zweifelsfällen an Ort und Stelle verständig und genau überprüft werden, auf sprachliche Richtigkeit der Notierung sowohl wie auf die Möglichkeit der Deutung hin (Realbeweis). Europäer, aber auch Orientalen und Einheimische haben sich oft an den Wortformen aus Unkenntnis und Sachferne vergriffen. Volksetymologische und pseudowissenschaftliche Umdeutungen spielen dabei eine wesentliche Rolle. Es wäre schön, wenn von zuständiger landeskundlich-iranischer Seite die Paßnamen und ihre Varianten mit Angabe alles Wissenswerten in zuverlässiger Art zusammengestellt würden, wie dies zum Teil in übersichtlicher Weise für die Ortsnamen im Farhang-i-ǧuγrāfiyāʾī-i-Īrān (FǦ 1–10: 1328–1332/1949–1953) bereits geschehen ist, einem Werk, das wir darum wie immer so auch hier gern zitiert haben.

Teil II: Sonnenseite – Schattenseite

A Die Kategorie bei uns und in nichtorientalischen Sprachen
B Die Kategorie im Vorderen Orient
C Die Kategorie in den iranischen Ländern
- **1. Die Termini technici und ihre Ableitung**
- **2. Die toponymischen Belege**
  - **a) für Sonnenseite**
  - **b) für Schattenseite**

D Einige Nachträge: Semitisches, Chinesisches

A

Wohl überall in den Gebirgsgegenden der Welt, sofern sie nur weit genug vom Äquator entfernt liegen, treffen wir auf ein toponymisches Namenpaar, das, allein oder in Gegensatzstellung, mehr oder minder in der Landschaft ausgebildet ist, am besten in Tälern, die sich ostwestlich erstrecken: es ist die Unterscheidung von Sonnen- und Schattenhang des Berges. Die Südseite des Tales schaut nämlich nach Norden und bekommt daher weniger Sonne ab als der auf der Nordseite des Tales gelegene Südhang. Das hat seinen ästhetischen Reiz für den Wanderer, ist aber auch in wirtschaftlicher Hinsicht von großer Bedeutung und zwar sowohl für die Weidewirtschaft wie für den Feld- und Gartenbau: Sonnenhänge sind schneller schneefrei, verbrennen aber auch schneller. Bei uns, in den Alpen und höheren Mittelgebirgen, ergeben die Schattenwälder festeres Holz als die rascher gewachsenen Bäume der Sonnenseite. Ja sogar religionsgeschichtlich kann die der Sonne ab- oder zugekehrte Seite einer Örtlichkeit bedeutsam werden.

Je nördlicher auf unserer Halbkugel eine Gebirgslandschaft liegt, desto stärker ist der Gegensatz zwischen Sonnen- und Schattenseite ausgeprägt. Ein Teil der arabischen Halbinsel liegt bereits südlich des Wendekreises des Krebses bis über den 15. Breitengrad hinaus und besitzt daher kaum eine entsprechende geographische Terminologie. In den Alpen und in den deutschen Mittelgebirgen hingegen spielt der Gegensatz, wie jeder Wanderer und Urlauber weiß, eine ganz hervorragende Rolle. Daher denn unsere vielen Sonne/Schatten- oder Sommer/Winternamen wie

Sonn/Schattleite mit den Familiennamen *Sonn/Schattleitner* in Kärnten und Tirol

Sonn/Schattwald in Tirol

Sommer/Winterhalde in der Pfalz

Sommer/Winterhausen mainaufwärts bei Würzburg

Sonnhalde Straßenname in Freiburg/Br.

Schattseite im Glödnitztal, Kärnten

Winter/Sondermoning am Chiemsee (*sonder* = Süden)

Winterleite Nordseite der Feste Marienberg, Würzburg

Winterleitenweg und

Am Sonnhang als Straßennamen in Würzburg.

Sommerrangen heißt ein nördlicher Steilhang am oberen Weißen Main, westl. v. Bischofsgrün im Fichtelgebirge (Eisenbahntal!).

Jeder mag aus eigener Kenntnis diese Beispiele vermehren. Wie der Sonnenstand selbst, so erzeugt auch der Bergschatten die sogenannten

Stundennamen in den Bergen Bayerns, Tirols und der Schweiz. Aber sie gehören nicht mehr zu unserem eigentlichen Thema.

Die Tiroler nennen die Schattenseite auch mit einem eigenen Wort die *nedere* Seite; so heißt der Südteil des engeren Leutasch-Tales, der im Norden das Wettersteingebirge gegenüber hat – *a nedrig's Loch* schalt den Ort eine Bedienerin in Seefeld/Tirol. In diesem Sinne gibt es weiter den

ON *Neder* 1. im Stubai-Tal, südl. v. Fulpmes, am Ruetzbach, 2. im Venter-Tal bei Zwieselstein (Ötztal-Gegend) mit dem

BN *Nörder-Kogl* südlich davon.

Weitere Namen sind

Nederberg (vgl. als Oppositum den häufigen *Sonnenberg/kogl* u. dgl.) südlich v. Berwang (Rotlech-Tal)

FlurN *Nederwald* 1. an der Nordseite des Gamskogls bei Gries im Sülz-Tal, 2. (= Amtswald) nördlich vom

BN *Nederjoch* in den Stubaier Alpen

BN *Ne(e)derˈkogl* bei der Nördlichen Lastiggrat-Spitze im Stubai-Tal.

Das stille *Naidernˈach*-Tal streckt sich zwischen Plansee und Griesen hin, an der bayerischen Grenze.

Ein anderes *Nedertal* (= Sellrainer Tal) stellt die Verbindung zwischen Ötztal und Sellrain her. Es kennt bei Peida die schöne Opposition

FlurN *Peider Nederwald* am Zirmbach gegenüber dem

FlurN *Peider Sonnberg.*

Das Wort *neder* ist wohl verstümmeltes *nörder,* also die der Sonne abgekehrte Nordseite bezeichnend. Ihr Oppositum lautet in alter Sprache *sonder* „südlich“.

Wir fügen noch hinzu den

FlurN *Nederwald* 3. einen nach Norden blickenden Hang in Unterleutasch (Wettersteingebirge, Tirol), den

FlurN *Neder* als NO-Hang der Hohen Munde (Gais-Tal, Tirol, nach dem Wettersteingebirge schauend), den

FamN *Nederer* in Österreich.

Die Gegenüberstellung der Bergnamen

Sonnberg, Sunderberg, Unter(n)sberg, Sommerberg bzw. *Schattberg, Nerderberg, Winterberg*

bei Eberhard Kranzmayer, Österr. Bergnamen[2] (1968) p. 12.

„Die verschiedenlange Bestrahlung durch die Sonne nimmt die Unterscheidung zwischen der wachstumsfördernden und der wachstumshindernden Seite des Tales zum Gegenstand. In Tirol ruft der *Sunderberg* die Sonnenseite und der *Nörderberg* die Schattenseite hervor. In anderen Gegenden wird dieser Unterschied durch die *Sommer-* und *Winterseite* gekennzeichnet. Der Kontrast von Gunst- und Ungunstbereichen tritt klar vor Augen." Eberhard Kranzmayer, Die Bergnamen Österreichs. In: Montium Vocabula (Abhandlungen des 10. Internationalen Kongresses für Namenforschung in Wien (1969) I. p. 66f.

Sommer/Winterhalde in der Pfalz bei Theodor Zink, Pfälzische Flurnamen (1923) p. 75.

Reine Sonnenhangnamen bei Fritz Stroh, Zur Deutung hessischer Flurnamen (1936) p. 11f.:

Sunnˈhell, Summaˈhella, Sonnheil, Sunneˈhahl mit *-halde* als Endglied.

Allgemein zu den deutschen Sonne-Schatten/Sommer-Winter-Namen nach Herkunft und Gebiet s. Adolf Bach, Deutsche Namenkunde II (1953) § 312 (p. 301).

Im Alemannischen der Schweiz kennt man, auch in den Ortsnamen, Ausdrücke wie *Lee* (Pok. 552) oder

die *Sunnigi* für den Sonnenhang (zum Adj. *sunnig* „sonnig") und im Gegensatz dazu

die *Äbi* oder die *Litzi* für die Schattenseite des Tales (zu *litzen* „falten, umdrehen", *lätz* „verkehrt"; so nach Zinsli). Entsprechend *Äbyhalb* und *Litziˈhalb* = *Schatte(n)halb* gegen *Sunne(n)ˈhalb*.

Ob bei den Schweden

solˈsida „Sonnenseite" bzw.

skuggˈsida „Schattenseite"

auch toponymisch vertreten sind, entzieht sich meiner Kenntnis.

In den romanischen Ländern knüpft sich der Gegensatz an die lateinischen Vorformen

aprīcus (auch *apertus*) – *opācus*.

Von *aprīcus* oder *apertus* stammt auch der süddeutsche Dialektausdruck *aper/äper:* der Hang ist *a/äper* d. h. „schneefrei".

Bei den Franzosen lautet die Terminologie

adret „Sonnenseite", wohl < *ad solem directus, à droit au soleil* gegen

ubac „Schattenseite" < *opācus* (Pok. 54).

Ladinisch aus dem Grödner-Tal (Südtirol; eigene Aufzeichnung)

la pert dl surëdl „Sonnenseite",

la pert dl umbria „Schattenseite".

Aus dem slawischen Bereich notierte ich mir bei den Slowenen

sončno „Sonnenseite“ zu *sonče* „Sonne“ gegen

sinčno „Schattenseite“, auch *senčje* n. nebst *senčina* f. „schattiger Ort, Schattengegend“ (Pleteršnik), zu *sênca* „Schatten“

žikopno „aper“ d. h. gewöhnlich schneefrei.

Bei den Serben nannte man mir

is'pat = južne napat für die Sonnenseite,

us'pat = zevene napat für die Schattenseite.

Nach den Wörterbüchern ist

sjenovit „schattig“ zu *sjena* oder auch

hladan zu *hlad* „Schatten“.

Als tschechische Belege nannte man mir die Adjektiva

ná'sluní „der Sonne zugewandt“ und

ví'sluní „von der Sonne abgewandt“,

beides zu *slunce* „Sonne“, dazu

sluneční strana „Sonnenseite“ und

polední strana „mittägige/südliche Seite“ von *pole'dne* „Mittag“, wobei neben *strana* „Seite, Fläche“ ein *stráň* „Berghang, (Ab-)Hang, (Berg-)Lehne“ steht. Als Sonnenseitenname ist der Dorfteil

Suchý rádek in Südmähren

zu betrachten, eigentlich „Trocken-Reihe“ (frdl. Mitteilung von Ehepaar Josef Klíma, Kollegen in Prag).

Endlich gehört ja doch wohl auch der Prager Sommerhügel/berg *Letná* mit seinen nach Süden der Sonne zu angelegten Gärten *(Letenske sady)* zu unserer Diskussion. Tschech. *léto* „Sommer“ gegen *zima* „Winter“.

B

Nun aber zu unserem eigentlichen Anliegen, der Nomenklatur im Vorderen Orient.

Bei den Türken Kleinasiens und Aserbeidschans ist die Terminologie „Sonnen/Schattenseite“ in der geographischen Namengebung ganz stark vertreten. Dort heißt *güney (göney)* die Sonnen- und *güzey (kuzey)* die Winterseite des Tales. Aus dem amtlichen Ortsnamenverzeichnis der Türkei Köylerimiz („unsere Dörfer“) nennen wir für die Sonnenseite (und eine Nachprüfung an Ort und Stelle wäre erwünscht) die Namen folgender Ortschaften:

Ak'güney 1. in Samsun, 2. ~ *Hiristiyani* ebenda (+ Χριστιανοί).

At'güney in Gümüşane

Bayi̊rˈyüzüˈgüney in Bursa (s. unten p. 40)

Çatakˈgüney in Sinop

Değirmanˈgüney

Deliceˈgüney in Bursa

Eğriˈgüney in Gümüşane

Eskiˈgüney in Kütahya

Fergeneˈgüney in Sinop

Güney allein 16×, mit Zusatz 24×

Güneyce 2×

Güneycek 2×

Güneyi in Afyon

Güneyi çevirme in Gümüşane

Güneyli in İçel

Güneyˈtekke in Kastamonu (vgl. *Tekke güney* in Yozgat, „Kloster am Sonnenhang")

Güneyˈyazli̊k „Sommersonnenhang" in Giresun,

dazu mit *ö*

Göney in Çanki̊ri̊

Göney geçe gencolar in Erzincan

Göney köy in Bolu,

des weiteren

Kagi̊mˈgüney in Samsun

Kaleˈgüney in Trabzon

Karaˈgüney in Bayazi̊t

Karaˈküney in Bayazi̊t

Ki̊zi̊lˈgüney in Aydi̊n

Ki̊zi̊lˈgöney in Antalya

Küneyi̊ kebir/sağir in Kayseri

Şevikˈgöney in Antalya

Tekke güney in Yozgat (vgl. oben *Güneyˈtekke* in Kastamonu).

Auf der Karte heißen die östlichen Taurus-Berge zwischen Elâziğ und Diyarbekir

Güneyˈdoğu Toroslar. Vgl. ON *Güne-doğru* „sonnenwärts".

Die Beliebtheit von *güney* in Namen aller Art ist so groß, daß sich weitere Beispiele erübrigen. Hier noch der Grabungshügel *Güney Hüyük* in der Südtürkei (Anatol. Studien 4, 1954, p. 192).

Wie man sieht, tritt das von *kün/gün* „Sonne, Tag" abgeleitete Wort in verschiedener mundartlicher Form auf als *güney, göney, küney* u. ä. Dabei verhält sich *güney* „sonnenseitig, südlich" zu *g/kün* „Sonne" ähnlich wie im Germanischen *Süden* als „sonnseitig" zu *Sonne* (Pokorny). Als *guneï* ist das Wort auch ins Kurdische gedrungen (Jaba-Justi). In der heutigen Türkei gibt es *Güney* als empfehlenden Hotelnamen so wie bei uns „Sonnenhang, Sonnenseite" u. dgl. Der Familienname *Güney* dürfte sich zum Teil unmittelbar auf den Herkunftsort der Träger beziehen, ebenso in Iran *Gūnailī.*

Aus dem persischen Aserbeidschan, das ja im Laufe eines Jahrtausends fast völlig türkisiert ist, zitiere ich folgende Namen (nach FǦ 4):

Āγ-gūnai zu Ardebīl
Gūnei-kandī zu Ardebīl
Qare-gonai (o = ū) 1. zu Tabrīz, 2. zu Ahar 2×
Qare-gonāi zu Marāγe
Qizil-gūnai zu Ardebīl
Sārī-gūnai zu Ardebīl.

D. h. es kehren die gleichen Namen wie in Anatolien wieder, nur in phantastischer Schreibung durch die Perser.

Übrigens heißt auch das Nordufer des Urmia-Sees, weil es der Sonne ausgesetzt ist, auf türkisch *Güney* (Minorsky in EI[1] sub Tasūdj). Auf der armenischen Karte gibt es den Ort

Gyuney an der SO-Seite des Sevan-Sees.

Ob hierher auch das Element *gōne* auf nordwestiranischem Boden? So in *Gōne-bāχān, Gōne-qārčū* und *Gōne-gol* zu Marāγe, ferner in *Gūne-meške* zu Mah'ābād (FǦ 4). Aus anderen türkischen Gebieten Irans gehören wohl dazu noch

Gunai und *Gūnāi* zu Zinǧān (FǦ 2) sowie vielleicht
Gūne (in Hanglage) zu Arāk (FǦ 2).

In Zentralasien hat man den Flurnamen

Bassik-kulden-kunjö „die besonnte" sc. Talseite des Kara'jilga bei Sven Hedin in Petermanns Mitteilungen 41 (1895) p. 916.

Ganz allgemein scheint auch das türkische Wort *güneş* „Sonne" in den anatolischen Ortsnamen (immer oder mitunter?) die sonnige Lage zu bezeichnen, also für *gün yönü* „Sonnenseite, Sonnenhang" zu stehen:

Güneş 2× in Sivas nebst
Güneş viran 1. in Urfa, 2. in Çorum
Güneşler in Koca'eli
Güneşli „sonnig" 1. in Tekis'dağ, 2. in Çoruh.

Wörtlich haben wir die Sonnenseite als „sonnige Seite" in

Gün'yüzü zu Eski'şehir („zur Sonne hingewandt").

Türk. *yüz* „Antlitz, Oberseite" entspricht dem persischen *dēm/dīm*

„Antlitz, Oberseite“ d. h. „hinschauend nach . . .“ (s. unten p. 46 f.). Ein längeres Kompositum zitierten wir oben (p. 38) mit dem Ortsnamen

Bayi̊rˈyüzüˈgüney in Bursa, d. i. die „Hangseiten-Sonnenleite“.

Auch *gün* „Sonne, Tag“, von dem *güney* und *güneş* erst abgeleitet sind, mag in manchen Ortsnamen auf eine sonnige Hanglage, eben auf *günˈyüzü* „Sonnenseite“ hindeuten. So etwa

ON *Günˈbet* am Südabhange des Salaˈtau, mehrfach, + *bet* „Gesicht“ wie oben *yüz*, pers. *rūi, dēm* usw. (Hahn p. 23 a).

NB. *gün-ey* mit *-ey* < *-ay* < *aγü*, parallel zu *kuz-ey (güzey)* „Schattenhang, Nordseite, Norden) von *kuz* dass. (s. sofort).

Den Gegensatz zu *gün* und seinen Ableitungen bildet, wie bemerkt, *güzey* bzw. *kuzey* als „Norden, Nordhang (des Berges)“, also die schattige Südseite des Tales bezeichnend. Das Wort steht wohl in verwandtschaftlichem Verhältnis zu *g/küz* „Herbst“. Gibt es auch Ortsnamen mit *güz* „Herbst“, und bejahenden Falles: beziehen sie sich auf schattige Hanglage oder gar auf herbstlichen Aufenthalt, unserem Alm-Abtrieb vergleichbar? *Güzˈyurdu* in Ki̊rˈşehir z. B. könnte im Namen der persischen Ortschaft *Pāʾīzˈgāh* zu Marāγe (FĞ 4) oder *Pāʾīzˈābād* (zu Mākū (FĞ 4)) seine Entsprechung haben. Aber doch wohl einfach i. S. v. „Herbst-Aufenthalt“.

Geographisch ist jedenfalls *kuz* „die Nord/Schattenseite“ *(kuz yönü)*, wovon *kuzey* erst abgeleitet ist (I̊zbi̊rak). Als Ortsname findet sich

Kuz 12× in dem Köylerimiz-Verzeichnis

und noch öfter in Zusammensetzungen wie

Karaˈkuz in Kastamonu.

Freilich ist das überall unser *kuz* „Nord/Schattenseite“?

Ganz sicher doch in

Kali̊nˈkise-güney/kuz, jetzt umgestellt zu

Güney/Kuz-Kali̊nkese („dicker Geldbeutel“) zu Kastamonu (Köylerimiz-Ausgabe von 1968).

Das Wort *kuz* bedeutet *güneş dokunmaz yer.* Schon im Mitteltürkischen gibt es *kuz taγ* „Berg im Norden, den die Sonne nicht bescheint“.

Aber zurück zu *güzey/kuzey* „Schattenseite“, wozu man die Dörfer stellen möchte mit Namen

Kozayca in Yozgat

Kuzeyli in Van

Kuzayˈyurt in Yozgat (sozusagen „Northeim“).

NB. Im heutigen (Osman/Türkei-)Türkischen sind *güzey* „Schattenseite“ und *kuzey* „Norden, Nordhang (des Berges)“ auf Grund mundartlicher Unterschiede künstlich/sekundär differenziert. Über die tatsächliche Identität der beiden Wörter herrscht kein Zweifel. Sowohl *güzey* sowie das nur dialektisch davon verschiedene *kuzey* sind *ai*-Weiterbildungen nach Carl Brockelmanns Osttürkischer Grammatik (1954) p. 88 § 21 (s. bereits oben p. 40). S. auch Räsänen Wb. p. 305b.

Ähnliche Funktion wie *güzey/kuzey* scheint türk. *gölge* „Schatten, Schutz" zu besitzen, in Aserbeidschan *k'ölge/kölgö,* in Turfan *kölige* (Gabain, Radloff). Beispiel die Namen

ON *Gölgeli* „schattig, beschattet" 1. in Kars, 2. in Çoruh,

BN *Gölgeli Dağ* (2145 m) östlich der Eskere-Ebene, im alten Karien.

Gehört *gölge* „Schatten" in weiterer Hinsicht zu *k/göl* „See" und *k/gök* „fahl, blau" (die berühmten blauen Schatten der Berge?)? Nach Vambéry, Etym. Wb. (1878) p. 102 unwahrscheinlich zu einer Wurzel *köl-* „anlehnen" gestellt. Räsänen pp. 288f., 294a.

In ähnlichem Sinne wie *güzey* und *gölge* könnte türk. *gün'görmez* „sonnenlos, dunkel" (← „die Sonne nicht sehend") verstanden werden. Köylerimiz verzeichnet einen Ortsnamen

Gün'görmez 12× in Kleinasien!

Oder ist dies als „blind" und als Mannesname zu verstehen (PN→ON)?

Bei Martti Räsänen, Versuch eines etymologischen Wörterbuchs der Türksprachen (Helsinki 1969) p. 336a entdecke ich noch dialekttürkisches *mäs/mēs* als „Sonnenteile eines Berges".

Bei der mit den Türken engverwandten Sprach- und Lebensweise sollten sich auch bei den Mongolen Zentralasiens Ausdrücke für Sonnen- und Schattenseite in Landschaftsnamen wiederfinden. Sie dürften enthalten sein in Zusammensetzung mit

aru „Norden" (eigentlich „Rücken", dann „hinter-": Südorientierung) → „Nordseite, Schattenhang" (Poppe, Written Mong. p. 14),

següder, sö'üder, süüder, dem Worte für „Schatten" nebst *süüder'tal* „Schattenseite", *süüder gazar* „schattiger Platz".

Umgekehrt mögen sich die Namen für „Südseite, Sonnenhang" mit Wörtern verbinden wie

nara(n) „Sonne, sonnig" oder

üde „Mittag, Süden".

Doch bedarf es dazu der Untersuchung eines zuständigen Fachmannes, einer Arbeit, die jetzt durch das von Haltod-Heissig Mongolische Ortsnamen (I : 1966) vorgelegte Karten- und Namenmaterial bedeutend erleichtert ist. Helmut Weygandt, Kartographische Ortsnamenkunde (1955) pp. 94-104 hilft da nicht weiter. Aus V. Minorskys Mongol Place

Names in BSOAS 19 (1957) notierte ich mir (nach N. Poppe) den Mukri-Ortsnamen *Kere'ütü* „having a wood on its northern side“ (p. 71).

PaßN *Naruta dabaγa* „sonniger Paß“ (CAA p. 59b).

Da alles Leben in den Gebirgsgegenden von der Verschiedenheit der Sonnenbestrahlung abhängt, dürfen wir den sprachlichen Ausdruck für Sonnen- und Schattenhang gewiß auch im Kaukasus erwarten. Bei den Armeniern habe ich trotz Heinrich Hübschmanns glänzender Vorarbeit in IF 16 (1904) pp. 197–490 über die altarmenischen Ortsnamen unseren Zwillingsausdruck weder appellativ noch toponymisch gefunden. Freilich stehen mir auch keine Spezialwerke oder ausreichende Karten zur Verfügung. Die Termini müßten anknüpfen einerseits an

arew, areg(ak) „Sonne“ nebst *arewot* und *arew'šat* „sonnig“ in *Arevu blur* „Sonnenhügel“ (Hübschmann, Arm. ON p. 404) und *haraw* „Süden“, andererseits an

hiusis „Norden“ und

stuer „Schatten“ nebst *stuerot, stuera'mac, stuera'šat,* „schattig“, an

šukʿ „Schatten“ (← „Glanz“!) oder

hovani „Schatten“ (s. H. W. Bailey, KT IV p. 161) nebst *hovana'wor* „schattig“. *Cmak* „schattiger, kühler Ort“ (Hübschm., ON p. 437).

Immerhin bietet Garegins Persisch-Armenisches Wörterbuch von 1933 sub np. *nas* und *nasār* (über diese Wörter s. sogleich pp. 44, 50f.) für „Schatten(seite/ort)“ die Termini

stuer (wie erwähnt) und

sar'pʿinay.

Aber *sar'pʿinay* ist „Schattendach“ i. S. einer Weinlaube (arab. *ʿarīš*). Doch könnte *stuera'hoz* „Schattenerde/boden“ etwas Ähnliches wie schattige Stelle, Schattenhang wohl bedeuten.

Für „Sonnenseite“ ergibt sich bei Garegin sub *āftāb'rū* (s. unten pp. 43, 46, 57)

areg'dēm bzw. *arewa'hayeaç*

d. h. „mit dem Blick nach der Sonne“ (Bahuvrīhi mit iran. Lwt. *dēm/dīm*). Ähnliche Adjektive sind *arewi* „sonnig“ (s. oben), *arewot* „voll Sonne, sonnenreich“, *arewa'har*„von der Sonne getroffen“ (im weiteren Sinne wie np. *āftāb'zade*), wozu noch einige Pflanzennamen.

Die den Armeniern benachbarten Georgier (in Grusinien, Ǧurǧistān) haben einen besonderen Ausdruck

mzinqʾuli oder

mzware für „sonnige Stelle“, zu *mze* „Sonne“.

Das Wort für „Norden“ *črdilvetʻi* ist von *črdili* „Schatten“ (*črdiliani* „schattig“) abgeleitet. Toponymische Nachweise wären willkommen.

Bei den gleichfalls kaukasusbewohnenden Osseten ist die Terminologie gefunden. Als alte Nord-Iranier behandeln wir ihre Nomenklatur unten pp. 44f., 48.

Weitere aufschlußreiche Exempel aus dem Kaukasus bietet C. v. Hahn, Erster Versuch einer Erklärung kaukasischer geographischer Namen (Stuttgart 1910) auf pp. 8b, 11b, 13b, 22b, 26a, 39b u. ö.

C

1

Worauf es uns hier jedoch viel mehr ankommt und wofür wir uns weit eher fachlich zuständig fühlen, das ist Iran selbst. Mit seinen über Alpenhöhe ansteigenden Gebirgen, die durch Hindukusch und Pamir in Zentralasien mit dem größten Gebirgsknoten der Welt, dem Himālaya, in Verbindung stehen, verfügt es selbstverständlich über eine bis ins Einzelne gehende orographische Terminologie. So ist denn auch in unserem Falle eine Fülle von Ausdrücken zu notieren, von denen der folgende Überblick eine Vorstellung gibt.

Sonnenhang

1. Neupersisch (SW-Dialekt und Lurisch)

āftābˈrū(i), āftābˈgīr
qibleˈrū(i)
barˈāftāb
barˈrūz
batau[1])

2. Kurdisch (und Gūrānī)

berōž(e)[2])
χoraˈtāw[3]) bzw. *waraˈtāw*[4])
χorˈgīr[5])
χoraˈwazān[6])
berˈχor[7])
berˈhetāw[8])

3. Belutschisch

in Persien *tāpˈdēm*[9])
guriˈtāfa
im heutigen Pakistan *pētāfa*
guriˈtāfa, giriˈtāf, guniˈtāf[10])

4. Afghanistan

im Pašto-Gebiet *paitāwī*[11])
in Waziristan *paitōwai*
im Parači *pa(ra)ˈṭāf*

5. Tadschikistan

im Yaγnōb-Tal *āftābˈrūi*

6. Ossetisch

im Digor *χonsar*
im Iron *χūssar*

Schattenhang

1. Neupersich

āftābˈnagīr
nasā[12]), *nisā*
nasar, nisar[12a]), *nasār*
nasard[13])
barˈnisār
nas[14]), *nus*[15])
naš[16]), *nišbara*

2. Kurdisch

nasīram[17])
nišē(w)[18])
berˈsēber[19])
kereˈsī[20])
sāye, sāi[21])
sahan(d)[22])
sāftau[23])
sā, sāi[24])
sahand[25]), *sahan*[26])
nisār[27]), *nisā*[28])
nisirm[29])
nisē
sēwar[30]), *berˈsēber*[31])
χurˈnawazān[32])

3. Belutschisch

sāig[33])
sāh[34])

4. Afghanistan

syōra, syōrai[35])

sīwarai[36]), *sōrai, sēwrai*[37])

ni'sōr[38]).

5. Tadschikistan

Yaγnōb-Tal *sōi'rūi*[39]), *sayār*[40])

6. Ossetisch

cägat[41]).

Dazu die Belege in Anmerkungen:

[1]) Nach den Lexika (BQ, Steing., Haïm usf.) bedeutet *batau/bitau* „sonnenwärts", auch insbesondere den Osten, bei der meistbeliebten Ostorientierung völlig verständlich. Überdies gehen begreiflicherweise bei Ausdrücken wie „der Sonne entgegen" Osten und Süden leicht ineinander über.

[2]) Nach Jaba-Justi, Dictionnaire Kurde (1879) p. 46b (mit phantastischer Etymologie) „lieu où l'on mène paître les brebis en hiver", also Winterweide am sonnigen Hang.

[3]) Dr. Estiphan Panoussi brieflich. Farhang-i-Mardūχ sub *χwrwzʾn*, vgl. auch *χwrhlʾt* „Osten" ebenda, bei Wahby-Edmonds p. 160 *χor'wezān* bzw. *χor'eḻāt*.

[4]) Die Form *wara'tāw* < **χwara-tāpa-* bei MacKenzie, Awr. pp. 102, 111 (opp. *nisār*).

[5]) Farhang-i-Mardūχ l. c. (s. Anm. 3).

[6]) Farhang-i-Mardūχ l. c. (s. Anm. 3).

[7]) Im Sōrānī. Die Sōrān sind Südkurden und sitzen ungefähr in der Gegend von Erbil (Arbela) und Kerkuk. Edmonds, Kurds p. 8ff.

[8]) Im Sōrānī (s. Anm. 7).

[9]) S. Brian Spooner in Iran 5 (1967) p. 68.

[10]) Vgl. Gilbertson, Dict. p. 655; Morgenstierne, Pashto p. 80.

[11]) = np. *āftāb'rū/ruχ* im Qāmūs-i-ǧuγrāfiyāʾī-i-Afγānistān I (Kābul 1335/1956) p. 24.

[12]) = *rū be-šimāl*. Man sagt: „Dies Zimmer ist *rū be-šimāl*, taugt also nicht(s)"; so Muḥ.-ʿAlī Ǧamālzāde, Farhang-i-luγāt-i-ʿāmmiyyāne (Tehran 1341/1962 sub *nasā*). Alle alten persischen Häuser sind *qible'rū* erbaut, d. h. der Aivān öffnet sich nach Süden, um winters die Sonne hereinzulassen; sommers steht sie zu hoch um einzudringen.

[12a]) In Taft (Šīr'kūh, westlich von Jesd) gebrauchen sowohl Muslims wie Zoroastrier *nisār/neser*, wie ich dort notierte. Auch Asadīs Wb. hat *nasar*.

[13]) Z.B. in Isfahan.

[14]) So als Aussprache gegeben bei Garegin Wb. s. v.; auch bei Steingass *naš* und *nuš*.

[15]) Houtum-Schindler in ZDMG 38 (1882) p. 92f. gibt als für Fars gültig die Ausdrücke *dast-i-nesā/nese* sowie *nus*. In Tārum (nördlich von Qazvīn) sage man *(ṭaraf-i-) nusūm*.

[16]) Lesung im BQ. Das immer wieder gleichgesetzte und sonst wohl nicht belegbare *qs* mag man für einen alten Schreibfehler halten.

[17]) BQ (und Vullers) richtig: *be-maʿnī-i-nasar ast va-ān ǧāʾī bāšad ke āftāb bar ān kamtar tābad*. Auch eine Art buntbemaltes Fenster heißt so. Die Version daselbst, daß *nasīram* gerade ein Ort sei, wo die Sonne immer hinscheine (*paivaste āftāb bar ān tābad*), ist einer der vielen lexikographischen Irrtümer und Verwechslungen der Überlieferung.

[18]) S. Anm. 7.

[19]) S. Anm. 7.

[20]) Kurdisch nach Jaba-Justi, Dict.: „couvert d'ombre". Vielleicht < türk. *k/qara* + *siyāh* beides „schwarz" (Synonymkompositum).

[21]) Für das Gelbāγī notierte ich *səhän* und *sāi*. Vf., Demawend I p. 360 Anm. 207.

[22]) „The shady side of a hill" D. N. MacKenzie in BSOAS 28 (1965) p. 281. Ebenso im Gelbāγī. S. Anm. 21.

[23]) Das Wort bei den Bachtiaren (Luren); < *sāye-i-āftāb*. Lorimer, Phonol. p. 119a: *sāftau* „shade from the sun".

[24]) Farhang-i-Mardūχ, s. nächste Anmerkung und Anm. 21.

[25]) Farhang-i-Mardūχ sub *sahan* und *sēwar*; auch Dr. Estiphan Panoussi brieflich.

[26]) S. Anm. 21 und 25.

[27]) MacKenzie, Awr. pp. 103, 134b.

[28]) So im Gelbāγī (eigene Aufzeichnung). Bei Wahby-Edmonds p. 99a *nisār* und *nisē*.

[29]) Farhang-i-Mardūχ sub *nisār* = *χwrnwzʾn* d. i. bei Wahby-Edmonds p. 160a *χorʹnewezān*. Np. *nasram* (Wbb.).

[30]) S. Anm. 25.

[31]) S. Anm. 7. Auch kurd. *sebar*.

[32]) S. Anm. 29.

[33]) = *siắig* bei Josef Elfenbein, A Vocabulary of Merw Baluchi (1963) p. 72.

[34]) Gilbertson, Dict. p. 593.

[35]) Lorimer, Waziri pp. 160, 189: *syorai* m. „the shady side of the hill" zu *syora* f. „shade". Ebenda *paitowai* „sunny side of a hill, sunlight". Morgenstierne, Pashto p. 72 sub Nr. 196.

[36]) Gilbertson, Dict. Afγān Qāmūs III (1336/1957) p. 508 gibt *swry* sub *naš* und *nuš*. Šāh ʿAbdullāh-i-Badaχšī, Dictionaire of Some Languages and Dialects of Afghanistan (1960) führt p. 127 weitere Formen und Wörter ostiranischer Mundarten auf.

[37]) Morgenstierne, Pashto p. 72 sub Nr. 196.

[38]) Morgenstierne, Pashto p. 72 sub Nr. 196 afgh. *siyā* f.

[39]) Junker, Yaghnobi-Studien I pp. 99, 107f., 110, 111, 113. Auf die verdienstvollen auch gerade toponymischen Veröffentlichungen von A. L. Chromow sei ausdrücklich hingewiesen.

[40]) Junker, Yaghnobi-Studien I p. 55.

[41]) Vf., Demawend I p. 343 Anm. 155. Ws. Miller im GIrPh I Anhang p. 91 Nr. 12. S. unten p. 71.

Zur Ableitung der Wörter

Das Wort für „Sonnenseite" enthält natürlicherweise das Wort „Sonne" als Vorder- oder Hinterglied.

āftāb „Sonne", zusammengesetzt aus ar. *ābhā-* „Glanz" (np. *āb* „Glanz") und **tāpa-* „Glut, Glanz" (np. *tāb*) bzw. dessen Verbalwurzel, verbindet sich mit np. *rū* (älter *rōi* < air. *rauda-* eigentlich „Wuchs") „Antlitz, Gesicht" oder mit *dēm* (np. *dīm* < *daiman-, daima-* eigentlich „Sicht, Gesicht") zu einem Kompositum der Richtung: np. *rū(i) kardan* „sich (hin)wenden zu/nach". Bei den Belutschen wie noch anderswo dient *dēm/dīm* als örtliche Postposition „vor". Im Neupersischen nimmt *āftāb'rū(i)* geradezu die Bedeutung „südlich" an; aber das gilt selbstverständlich auch von anderen synonymen Ausdrücken, im Iranischen sowohl wie anderwärts. Bekannt ist das witzige Wortspiel bei Saadi:

(- - ⏑ - ⏑ - -)

Saʿadī do čīz χᵛāhad dar mausim-ī-zamistān:
yā rū'be'āftābī, yā āftāb'rū'ī.
„Saadi begehrt zwei Dinge in der Winterjahreszeit:
Entweder ein sonniges Plätzchen oder ein sonniges Schätzchen."

bar'āftāb ist das andere den Persern geläufige Wort neben *āftāb'rū*, beides bedeutet „zur Sonne hin", wobei *bar'āftāb* zusammengesetzt ist mit der alten Präposition *bar* (auch *var*) < *aβar* < *upari* (av. *upa'ri* „oben, über"). Wie der *gw*-Anlaut im Belutschischen lehrt (*gw*- < *v*-; s. sogleich), mag jedoch auch np. *bar* „Brust" (< *var* < av. *varah*- n. = ai. *úras*- n.) zugrunde liegen.

Da Mekka von Persien aus gesehen im Südwesten liegt, ist es verständlich, daß die Gebetsrichtung *(qibla)* praktisch mit dem Süden zusammenfällt. Daher heißen auch die persischen Mittagskogel und Untersberge, nach denen sich der Betende richtet, *Kūh-i-Qible.*, *Qible-kūh* u. ä., wozu auch Bildungen mit *namāz* „Gebet" gehören.

Bloßes *tāp, tāβ, tāb* liegt vor in np. *ba'tau, pa'tau* (< *be-tāβ*; nicht für *partau* „Strahl"!) sowie in den belutschischen und afghanischen Wörtern *tāp'dēm, pē'tāfa* und *pai'tōwai,* in *guri'tāfa, guni'tāf* und *giri'tāf* sowie in Wachi *pitáo* „Sonnenschein", nach Morgenstierne, Pashto pp. 62 u. 80 vielleicht < °*tāfya*-. Dazu kurd. *χura'tāw, χora'tāw, wara'tāw* (MacKenzie, Awr. p. 111), falls das nicht in *χur'atāw* d. h. *āftāb* zu zerlegen ist wie *ber'hetāw.* Np. *χᵛar'tāb* findet sich im Ortsnamen *Xortāb'sarā* (FĞ 2; s. unten p. 61) – *iḥtimālan ǧā'ī ke āftāb bétābad,* wie mir erklärt wurde.

Als Präposition dient neben *bar* (s. oben) air. *pati* (av. *pa'ti*) > np. *ba-/ be-/bi-*. Das Element *guri* (assimilatorisch verdünnt > *giri*) ist bel. *gura, gwara,* das dem np. *bar* „gegenüber, (ent)gegen" entspricht (< *var* „Brust"; s. vorher). Falls *guni-* nicht einfach eine Dissimilation von *guri* darstellt, würde es zu *go(ṅ)* „(zusammen) mit" gehören (Gilbertson, Gramm. p. 167).

rūz (< rōž) „Tag" bedeutet, ähnlich wie bei den Türken *k/gün,* in manchen Mundarten zugleich die „Sonne". Daher *bar'rūz* „nach der Sonne hin, gen Süden", bei den Kurden *be'rōže; ber'berōč kei* „Sonnenhang-Berg" in Aurāmān.

Im alten Isfahaner Dialekt von Gäz (in Burχ^{v}ār) sind sowohl *barˈāftāb* wie *āftābˈrū* vertreten: *bärˈuftō* und *u/oftōˈrü* „nach Süden gerichtet" (s. Verf., WIrM II pp. 641, 745).

χ^{v}*ar* „Sonne", gewöhnlich erweitert zu χ^{v}*arˈšīd* „leuchtende Sonne", begegnet in den kurdischen Ausdrücken für „Sonnenhang", nämlich *berˈχor* sowie *χorˈgīr, χoraˈtāw* bzw. *waraˈtāw* (eigentlich **χwara-tāpa-* „Sonnenschein") und *χoraˈwazān* „Sonnenaufgang, Osten". Auch np. χ^{v}*arˈgardān* im Ortsnamen *Xorˈgardān* (FǦ 2) dürfte wie *āftābˈgardān* (Pflanzenname; vgl. „Heliotrop") „sich zur Sonne wendend" sein, womit freilich gleichzeitig auch ein „Sonnendach/schutz, Zelt" gemeint werden kann, also gerade umgekehrt ein „schattiger Platz"! X^{v}*ar* „Sonne" steckt auch offensichtlich im ossetischen Wort *χonsar* bzw. *χūssar* (s. sogleich), als dessen zweites richtungsbedingendes Element *săr* „Kopf" anzusehen ist (dafür oben „Antlitz, Gesicht": *rōi, dēm*). Vgl. schon I. Gershevitch in Die Sprache 6 (1960) p. 116 Anm. 36. Umstritten bleibt die Interpretation von mpT. χ^{v}*arˈispēγ* „sich der Sonne auftuend, sonnenoffen" (Nyberg, Kalender p. 77f.; Henning in BSOS 9, 1937/39, p. 178 und in BSOAS 12, 1947, p. 47).

Wichtig ist die Beobachtung, daß es für den „Sonnenhang" schon im Awesta einen Ausdruck gibt, nämlich das Adjektiv *χvanvant-* „mit Sonne versehen, sonnig" (R̥V *svàrvant-* „sonnen/glückhaft"; AirWb 1865). Das ist dann dort zugleich zum Bergnamen geworden: *Xvanvant-* in Yašt 8, 6. 37. 38). Zweifellos richtig (gegen Johannes Hertel) Ernst Herzfeld in AMI 6 (1934) p. 89f.: „reich an Sonne(nschein), besonnt". In Negativformulierung liegt dafür ein anderer Bergname vor: *Aˈsaya-* „schattenlos", dem wir uns weiter unten noch zuwenden.

In diesem Zusammenhang möchte ich versuchen, zwei altiranische Stammesnamen zu deuten, die uns inner- und außeriranische Überlieferung bewahrt hat. Wir glauben nämlich, daß der Name der Chorsaren sich vom Namen des sonnigen Südhanges des Kaukasus ableiten ließe. Plinius darüber in seiner Naturalis Historia VI 50: *Scythae ipsi Persas Chorsaros appellavēre.* Der Name der *Chorsari* ist also skythisch, d. h. nordiranisch, und so mögen wir ihn denn aus dem Ossetischen, einer skythischen Nachfolgesprache, als *χonsar* (Digor), *χūssar* (Iron) erklären: „Sonnenhang/seite, Südhang" (oben p. 44). Diese Erklärung, die anderen Deutungsversuchen unbedingt vorzuziehen ist, danken wir Josef Markwart (in Caucasica 6, 1930, p. 56: ***χ^{v}*arˈsār* „sonnenähnlich"), und Ilya Gershevitch hat sich ihr angeschlossen: *χonˈsăr* „sun-wards, facing the sun" (brieflich an Manfred Mayrhofer; s. Die Sprache 6, 1960, p. 116

Anm. 36). Stammesnamen beziehen sich sehr häufig auf eine Örtlichkeit, wo der Stamm jeweilig ansässig ist, wofür es Beispiele genug gibt. Wir können sogar zweimal den Bezug auf die Sonnenseite im modernen lurischen Stammesnamen der *Barˈāftābī* nachweisen, als Unterstamm der Bāvī sowohl wie auch als Unterstamm der Buvair-Aḥmadī (Boir-Aḥmadī; KPF II p. XVIII, s. unten p. 58). *Barˈāftābī* entspräche damit recht genau dem Namen der Chorsaren. Von hier aus ist also kein Einwand zu erheben. Auch die Dissimilation *-rs-* < *-ns-* (et vice versa) begegnet keinen Schwierigkeiten, soweit man nicht überhaupt altes *χ^{v}ar-* mit *-r-* (erst durch sog. grammatischen Wechsel zu *χ^{v}an-* geworden) als Ausgangsform herbeizieht.

Die Pateisˈchorier liefern uns einen zweiten, wie wir meinen, auf die Sonnen/Südseite bezogenen Stammesnamen. Die Πατεισχορεῖς sind nach Strabo 15, 3, 1 (= 15, 727) ein persischer Volksstamm. Bekanntlich gehörte Gobryas *(Gauˈbruva)*, des Königs Lanzenträger und einer der Thronbesteigungshelfer (Bis. § 68), am Grabe des Dareios in Naqš-i-Rustam abgebildet, diesem Stamm an, denn er trägt den Zunamen *Pātiš^{h}uvariš* (elam. ^{m}*Ba-ut-ti-iš-mar-ri-iš*, babyl. ^{ld}*Pa-id-di-iš-ḫu-ri-iš* NR c). Namengleich (aber nicht gleicher Lage) ist offenbar das Land im „fernen" Medien, also weiter östlich, im Norden, zu Füßen des Bikni-Berges (= Demawend?): ^{kur}*Pa-tu-uš-ar-ra/ri,* von dem uns die Feldzugsberichte des Assyrerkönigs Asarhaddon (680–669) Kunde geben (Prisma A und C IV 8–18). Diese Gegend heißt noch in sassanidischen Zeiten *Patišχ^{v}ārˈgar/kōf* (Bundehesch; Moses Xorenaçi), später arabisiert zu *Bādišvārˈǧar* und *Bišvārˈǧar* (d. i. **Pēšχ^{v}arˈgar), Ǧabal Fādišvār.*

Gegenüber anderen weniger einleuchtenden Erklärungsversuchen (R. G. Kent, Old Persian^{2}, 1953, p. 195a; W. B. Henning in Jackson Memorial Volume, 1954, p. 42 Anm.) erklären wir mit Chr. Bartholomae (AirWb 887) den Stammesnamen als Vṛddhi-Ableitung eines Landschaftsnamens **Patiš^{h}uvara-* „gegen die Sonne gerichtet" aus *pati* „gegen" (wie in np. *baˈtau/paˈtau* oder kurd. *beˈrōže)* + *svar-* „Sonne" mit Erhaltung des arischen *s* (Kent a. a. O. pp. 40b, 48a). Ich habe über diesen Namen 1967 auf dem 27. Internationalen Orientalistenkongreß in Ann Arbor/Mich. einen Vortrag gehalten, dessen Zusammenfassung in den Proceedings (1971) p. 92f. erschienen ist.

Übrigens ist schon früher die „Berg/Gebirgsseite" allgemein als Ausgangsform für den Namen der Parther *(Parϑava-)* wie für den der Perser (*Pārsa-,* älter keilschriftlich *Parsua*) in Anspruch genommen worden (**Pārśva-* zu ai. *parśu-* f. „Rippe, Flanke, Seite" – völlig vage).

Gibt man sich weiteren Spekulationen hin, so könnte der Landesname Chorasmien (südlich des Aralsees) zerlegt werden als (av.) *X^vā^iri-zam-* Yt. 10, 14, (ap.) *^Huvāra^lzmiš*, np. *X^vārizm*, bei den Griechen das Land der Χοράσμιοι/Χωράσμιοι, und würde dann „Sonnenland" bedeuten können – unwahrscheinlich allerdings, wenn wir mit Josef Markwart *X^vā^irizam-* mit dem kalten *A^iryānəm vaēǰō*, dem „Arier-Hang" (Vf., Demawend I p. 344) gleichsetzen wollten. Schließlich enthält ja auch der Name Chorasan als *X^var^lāsān* > *Xurāsān*, als Land des Ostens, des Sonnenaufganges, das Wort *χ^var* „Sonne". S. zuletzt Helmut Humbach und Gholam Davary, Der Name Khorasan, in: Anquetil Duperron Bicentenary Volume (= Anjomane Farhange Irane Bastan Bulletin 11, 2: 1973) pp. 8–12. Zum Namen Chorasmien s. O. Szemerényi, Iranica II (in: Die Sprache 12, 1967) pp. 194–196.

Auch der Ableitung des achämenidischen Bergnamens *Arkadriš* (Dareios Bis. § 11), wie Chr. Bartholomae sie gibt (Handbuch der altiranischen Dialekte, 1883, p. 210 a), vermag ich nicht zu folgen: **arka^ldriś-* „sonnengesichtig" zu ai. *arká-* m. „Strahl; Sonne" (iranisch nicht zu belegen) + *darś-*, air. *dars-* (δέρκεσθαι usf.) „sehen". Viel näher liegt doch die Beziehung auf *ádri-* m. „Stein, Fels" bei den Indern. S. jetzt Eilers in Encyclopaedia Iranica s. v.

Hingegen bezeichnet der awestische Bergname *X^vanvant-* m., wie bereits ausgeführt, eindeutig den „sonnigen" (Berg oder Hang), also wohl eigentlich die vom Betrachter gesehene Südseite, ebenso wie der awestische Gebirgsname *A^lsaya-* in Yt. 19, 4: Dual m. „die beiden Schattenlosen", sich also wohl auf die Südseite eines Bergzuges bezieht (gegen AirWb 208f.: Berge sind normalerweise Maskulina; Vf., Demawend I p. 277).

Welche Örtlichkeit, wie und wo gelegen, in Yasna 51, 12 (= 16. Gatha) mit der „Pforte des Winters" *(pərətō zəmō)* gemeint ist, wissen wir nicht. Gewiß ein hoher Gebirgsübergang, ein winterlich-kalter Paß.

Schwieriger gestaltet sich die Analyse der Wörter für den Schattenhang. Np. *batau (patau)* „Sonnenseite" erklärt der Burhān-i-Qāṭiʿ als *ǧā'ī ke hamīše āftāb dar ānǧā bítābad va-ān naqīż-i-nasā* „Ort, wo die Sonne immer hinscheint, und das (ist) das Gegenteil von *nasā*". Unter *nasā* aber heißt es: *maużíʿī-rā gūyand az kūh va-γair-i-ān ke dar ānǧā āftāb hargiz nátābad yā kamtar bírasad* „so nennt man eine Stelle am/vom Berg oder dergleichen, wohin die Sonne niemals oder seltener scheint".

Unter *nasār* und *nasar* wird auf *nasā* in gleicher Bedeutung verwiesen; auch bezeichne es ein „Schattendach" („Baldachin": *sāye^lbān, sāi-*

bān), was man aus Holz und Gestrüpp herstelle, sowie den „Schatten" überhaupt *(sāye).* Das alte Wörterbuch von Asadī-i-Ṭūsī definiert *nasar* als *sāyeˈgāh* (den jemand im Gebirge anlegt; Rūdakī-Vers). Bei der schwachen Artikulation des *r* nach langem Vokal, insbesondere nach *ā* (erste Reiseerfahrungen!), ist es nur natürlich, daß *nasā* und *nasār* bzw. *nisā* und *nisār* leicht in der Aussprache wechseln (z. B. unten p. 57 im ON *Eskandarī-nesā/nesār,* oder im BN/PassN *Daleˈgīr* usf.).

Mit diesem *nasā(r)* wird weiter gleichgesetzt offenbar daraus verkürztes *nas* und *nus* sowie *naš* = *sāye(gāh), ǧāy-i-sāye* (BQ und Ṭūsī). Zum formalen Verhältnis *nas : nasăr* mag man vergleichen etwa *sī* neben *sīyär* „Stein" im Siwerek-Zaza (KPF III/IV p. 167f.). Kurd. *nišē(w),* das offenbar zu trennen ist von *niˈšīb* < *niˈšēp* „Abhang", hat neben *nisē* ebenfalls *š* statt *s.* Das in den Bergen von Ṭārum (nördl. v. Qazvīn) gebrauchte *nusūm* (Houtum-Schindler in ZDMG 38, 1884, p. 92f.) scheint mir Weiterbildung von *nus* + *-ān* zu sein (Vf., Demawend I p. 302; ders., Kurd. *būz* p. 87 Anm. 135) oder gar ps.-arabisch wie *surūd* zu *sard* „kalt" und *ǧurūm* zu *garm* „warm".

Auch die Kurden kennen *nisār* und *nisē* als „shady side of mountain, ubac" (Wahby–Edmonds, A Kurdish–English Dictionary, 1966, p. 99a). Während *nišbara* eine Verlängerung von *naš* (Verdünnung *a* > *i* vor Zischlaut) mit dem Element *-bara-* „tragend, bringend" zu sein scheint, bleibt das Verhältnis von *nasā* zu *nasār* letztlich ungeklärt: vielleicht ähnlich entstanden mit *â* < *āva* aus **nasāβar?*

Im Gīlakī am Kaspischen Meer gibt es neben *nesā* die Erweiterung *nesāˈkaš,* was eigentlich „Schatten ziehend" sein könnte. Manūčihr Sutūde, Farhang-i-Gīlakī (Teheran 1332/1953) s. vv. Vgl. die *°βar*-Weiterbildungen.

In np. *nasard,* das gleichfalls als „Schattenort" auftaucht, mag das *d* am Ende „euphonisch" angetreten sein unter Anlehnung an np. *sard* „kalt" (s. sogleich unter *nasram/nasarm* p. 53). Im alten südmedischen Dialekt von Gäz (Burχᵛär, nördl. v. Isfahan) heißt die „Schattenseite" *nisāgī,* alsob < **nisāk* + Abstraktendung *-īh* (sonst NW *-īf*) oder Adjektivendung *-īk* –, oder gar *°gī* < *°gīr* (wie *āftāb/χurˈgīr* „Sonnenseite")? S. WIrM II p. 712. Vgl. oben pp. 26, 51 PaßN/BN *Dāleˈgī(r).*

Vollends schwierig gestaltet sich die Beurteilung der Verhältnisse, wenn man das übliche Wort für „Schatten" zur Deutung einiger Termini noch beizieht: np. *sāye* < mp. *sāyak* (bel. *sāig*), aber av. *aˈsaya-* „schattenlos" und soghd. *sayāka-* „Schatten" mit kurzem *ă* der Stammsilbe gegenüber ai. *čhāyā* f. Mp. *sāyak* vielleicht < *sayāk* (wie im Yaγnōbī und Soghdischen), also mit Metathesis quantitatis wie np. *bahār* < *vāhara-*

„Frühling" oder *pavāk* (> np. *pâk*) „rein" < *pāvaka-* ? Sehr schön hat schon das Awesta in Yasna 57, 27 das Adjektiv *a'saya-* „schattenlos" auch als Bergnamen *A'saya-* (s. oben p. 48) in Yašt, 19, 4. „Schattig", eine Bildung von **saya-* „Schatten", war also das zu erschließende Oppositum zum schon besprochenen Bergnamen *X^vanvant-* „sonnig". Weiter hat man das Wort „Schatten" in kurd. *sāi,* dasselbe wohl mit *-h-* als Hiatustilger und um ein *n*-Element erweitert (vgl. Vf., Demawend I p. 359 f.) in *sahan (səhan),* mit „euphonischem" *-d* als *sahand,* falls nicht umgekehrt *sahand* als Ausgangsform für *sahan* anzusehen ist *(-nd > -nn).* Hybrides *-d* nach *-n* ist sehr allgemein, selbst im Deutschen, wie die Fälle *Hund, Mond, jemand,* mundartl. *ebend* u. dgl. m. zeigen. S. Vf., Demawend I p. 315 Anm. 37, 370 Anm. 231 und andernorts. Setzen wir aber *sahand* mit primärem *-nd* an, so ließe sich an ein **săyavant-*(>**săyōmand)* „voller Schatten, schattig" denken, welches *-h-* als Hiatustilger bekommen hätte (*h* statt *y* wie etwa in NW *dih/diy-* „geben"). Auch afgh. *sǐwarai, syōrai* könnte mit *sāi/sāyak* „Schatten" zusammengesetzt sein, verlängert um ein Glied, in welchem sich wieder °*bara-* „tragend, habend" wie in dem schon besprochenen *nišbara* und *nasār* vermuten ließe. Nach G. Morgenstierne, Etym. Voc. of Pashto (1927) p. 72, der auch Parači *ni'sōr* „Schattenhang" beizieht und mit dialektpers. *nisā* vergleicht, würden allerdings die ostiranischen Formen eher auf ein **syāwara-* zurückführen, das wäre aber „schwarz" (av. *syāva-*, np. *siyāh*). Zu „schwarz" s. Weiteres unten.

Die Kurden haben (entsprechend?) *sēwar* und *ber'sēber* mit Richtungsanzeige wie in *bar'rūz, bar'āftāb, ber'χor,* opp. *bar'nisār.* Wahrscheinlich liegt auch im *sayār* des Yaghnobi, der Nachfolgesprache des Soghdischen, eine Verlängerung von *sāy(e)* auf *-āβar* (oder auch *-dār*?) vor, wie schon oben das für *nasār* im Verhältnis zu *nasā* in Betracht gezogen worden ist (p. 51).

Allgemein muß man fragen, ob die *sāye*-Gruppe auch in den *nasā(r)*-Wörtern enthalten sein könnte. Zu einer solchen Annahme würde eine Form (ai.) **niččhāya-* führen (R. L. Turner, Comparative Dictionary of the Indo-Aryan Languages, 1966–1971, Nr. 7180; vgl. auch Nr. 422: *apaččhāya-*; frdl. Hinweis von Georg Buddruss). Auch fragt sich, ob es eine Verbindung von *nasā(r), nisā(r)* zu *siyāh* „schwarz" gibt. Der Schlüssel zur Beantwortung all dieser Fragen liegt (noch) nicht in meiner Hand. Zu diesen Rätseln gehört auch noch der häufigere Ortsname *Nisā* sowie die achämenidische Landschaft *Nisāya* in Bis. § 13, worauf unten p. 70 zurückzukommen ist.

Ganz unklar bleibt np. *tašīr* „schattiger Ruheplatz“ (Steingass). Ob Schreibfehler für **našīr* und dann mit *nasiram* zu verbinden?

Kurd. *kāw* findet sich als „endroit ombragé et parfois fleuri dans la montagne“ bei Moḥ. Mokrī, Bīžan-u-Manīja (Paris 1966) auf p. 112. Aber ist dies nicht vielleicht einfach „Hohlstelle“ *(kāv-/kāftan)*, eine Bodensenke, vergleichbar dem deutschen Flurnamen *Hölle*?

Über das ossetische Wort „Schattenstelle“: *zagat* d. i. *cægat* s. unten p. 71.

Summa summarum: Ein Teil der Schattenort-Wörter beginnt mit *ni-* oder *na-*, wohl auch mit *nu-*. Steckt in diesem Nūn-Anlaut das indogermanische Element *ni-* „nieder“ (Pok. 312 f.)? Gehört dann das *s*-Element als Verkürzung zu *sāye* „Schatten“? Oder zu *siyāh* „schwarz“? Ist *nisā* als Grundform anzusetzen oder *nisār, nasā* oder *nasār?*

Das allgemeine Wort np. *sāye* „Schatten“ (< *sāyak*, ai. *čhāyā-* f, aber mit kurzem *ă* in av. a'*saya-* „schattenlos“, oben p. 51 f.; ἡ σκιά Pok. 917 sub *sk̂āi-;* weiter noch *sk̂ed-* p. 919 mit *čattra-* m., np. *čatr* „Schirm“ und *sk̂ot-* p. 957 mit ὁ σκότος dt. *Schatten*) steckt wohl in den kurdischen Wörtern *sēwar, ber'seber,* die auf *-bar, -āvar* auszulauten scheinen, wohl auch in *sahan(d)*, doch nicht im Synonymkompositum *kere'sī: sī* auch sonst mundartlich < *siyā(h)* „schwarz“, offenbar auch in den afghanischen Wörtern *syōra(i), sĭwarai*. Bacht. *sāftau* erscheint als Kombinationsform von *sāye* und *āftāb* „Sonnenschatten“ *(sāye-i-āftāb)*.

Allenthalben ist mit Kontaminationsformen von *sāye* und *nasā* zu rechnen. Auch darüber hinaus. Denn ein schattiger Ort ist ein kühler Ort. Was wunders also, wenn sich die Wörter für „Schattenstelle“ an *sard* „kalt“ und *sarmā* „Kälte“ anlehnen? So haben wir die Formen *nasard* (Isfahan; Judenpersisch) mit euphonischem *-d*, und mit *-m nasarm* in *nisirm* (kurd.), *nasīram* (BQ), *nisarm* (in Benisfāderūn, Ortsteil von Se'deh bei Isfahan).

Natürlich ist auch die Verbindung des Schattens mit den Begriffen „schwarz, dunkel“ *(siyāh);* so mit türk. *qara/kara*, das wohl in kurd. *kere'sī* steckt, einem Synonymkompositum türkischer Art aus einem persischen und türkischen Wort. Auch die afghanischen Termini für „Schattenort“ mögen mit *siyā(h)* „schwarz“ zusammengesetzt sein. Beachte oben p. 42 ON *Kere'ütü*.

Als nachträgliche – vielleicht unbewußte – Verquickung ist es auch wohl zu verstehen, wenn die mazdayasnische Leichenhexe *Nas* mit dem Wort *nas* für Nord/Schattenseite zusammenfällt. Im Vendidad heißt es (Vd. 7, 2): *druχš yā Nasuš upa.dva$_c$saiti apaχəδraēibyō naēmaēibyō* „diese Drug, die Nasu, kommt von der Nordseite her angeflogen“, und etwas weiter (Vd. 8, 16, 17, 18) heißt es: *druχš yā Nasuš apa.dva$_c$saiti apāχtaraēibyō naēmaēibyō (maχši.kəhrpa ərəγaitya)* „diese Drug, die Nasu, fliegt (verscheucht) nach Norden davon (in greulicher Fliegengestalt)“ Die Schattenseite, der Norden, als die der Sonne/dem Süden abgewandte Seite (*apāχtara-/apāχəδra- naēma-* Vd. 7, 2; 8, 16; 19, 1; AirWb 792) gilt also als das Reich böser Dämonen, insbesondere als Aufenthaltsort der schlimmen Leichenhexe. Zur Bedeutungsentwicklung von mp. *apāχtar* (→ Norden bzw. bei Ostorientierung Westen; → Planet) s. Vf., Sinn und Herkunft der Planetennamen (1976) p. 9.

Nach Georg Morgenstierne, Irano-Dardica (1973) p. 244 wäre *apāχtara-* „nördlich“ im Khowar-Dialekt (Chitral) zu *paχturi* geworden – NB. mit der Bedeutung „Sommerseite eines Berges und Tales“, weil die Berge der Nordseite des Tales nach Süden schauen (was daselbst noch einmal überprüft werden sollte).

Die Nordseite (*ṭaraf/dast-i-nasā(r)*) ist schon im alten Iran auch insofern religionsgeschichtlich bedeutsam, als an einem solchen τόπος ἀνήλιος ein besonderes Unterweltsopfer dargebracht wird: man weiht dem Hades d. i. Ahriman den Pflanzensaft ὄμωμι und Wolfsblut. So nach dem Bericht von Theopomp (spätes 4. Jahrhundert v. Chr.) bei Plutarch, De Iside et Osiride 46, 369 D.

Endlich ist, worauf schon einleitend allgemein angespielt wurde (p. 34), die wirtschaftliche Bedeutung der Schattenseite nicht außer acht zu lassen. So spielt der Begriff der Schattenseite seit alters eine wichtige Rolle für die Eisbereitung in Iran. Eine hohe genau ostwestlich verlaufende Lehmmauer, an deren Nordseite ein kleiner Stauweiher angelegt ist (*yaχ'čāl* „Eisgrube“), sorgt für die Eiserzeugung und -erhaltung. Die Oberfläche des Wassers gefriert in der kalten Jahreszeit zu Eis, wird in Platten zerhackt und in einem daselbst gegrabenen Keller oder in einer nahen Felshöhle verstaut, wo sich das Eis den Sommer über erhält, um dann auf Eseln durch den Eismann (*yaχī*) in die umliegenden Dörfer, Weiler und Städte transportiert zu werden. Gegen Ende des Sommers und Herbstes wird das Eis immer teurer. Das konnte man alles noch vor dem zweiten Weltkrieg in Teheran, doch ebenso auch in Schiras, Isfahan und anderswo erleben. S. etwa Bobek, Teheran p. 18 Anm. 23.

Aber auch sonst liegt die wirtschaftliche Wichtigkeit der verschiedenen Hanglage auf der Hand – in Iran sowohl wie andernorts. Im Anschluß an unsere obige Terminologie seien daher noch zwei Auszüge aus der Teheraner Zeitschrift Hunar-va-Mardum gebracht, worin sich zu unserer Freude Hūšang Pūr-i-Karīm, den ich vielleicht einmal auch persönlich kennen gelernt habe, als für unsere Frage ausgesprochen interessiert erweist. Über das Dorf *Siyā(h)marz'kūh* (lokal *Siyāmargū* gesprochen) in Gurgān, nach FĞ 3 dreissig Kilometer südwestl. v. ʿAlī'ābād, berichtet er in HvM Nr. 80 (1348/1969) auf p. 33f.:

وقت درو اواسط تابستان است . کشت‌هائی راکه بیشتر
آفتاب می‌بینند وزودتر می‌رسند زودتر هم درو خواهندکرد.
ولی کشت‌هائی راکه‌کمتر آفتاب می گیرند و البته دیرتر هم
می‌رسند دیرتر درومی‌کنند. سیامرگوئی‌ها، کشتها وزمین‌هائی
راکه روی به‌آفتاب باشند وبیشتر آفتاب ببینند « تووير –
tovir » می‌نامند. ولی آن قسمت ازکشت‌ها وزمین‌ها ویاآن
سمت کوهی راکه‌کمترآفتاب ببیند ومعمولاً روی به شمال‌است
« نسام – nesâm » می‌نامند. در«سیامرگو» اگردوقطعه‌زمین
همجوارراکه یکی «تووير» ویکی‌دیگر«نسام» باشد وهمزمان
کشت‌کنند ، با ده دوازده روز اختلاف درو خواهندکرد. یعنی
آن‌کشتی راکه آفتاب بیشتر می‌بیند وبه اصطلاح «تووير»
است ده دوازده روز زودتر ازآن‌کشت «نسام» درَو می کنند
که‌کمتر آفتاب می‌بیند .

„Es ist Erntezeit und mitten im Sommer. Die Felder, die mehr/häufiger die Sonne sehen und schneller/früher reifen, wird man auch früher abernten, indes man die Felder, welche weniger/seltener Sonne bekommen und natürlich auch später reifen, später abernten wird. Die Leute von Siyāmargū nennen die Felder und Äcker, welche zur Sonne hin liegen und mehr Sonne bekommen, *tovīr,* während sie den Teil der Felder und Äcker oder den Teil des Berges, welcher weniger Sonne sieht und gewöhnlich nach Norden zu liegt, *nesām* nennen. Wenn man in Siyāmargū zwei benachbarte Grundstücke, deren eines *tovīr* und das andere *nesām* ist, gleichzeitig bestellt, so wird man sie mit einer (zeitlichen) Differenz von zehn, zwölf Tagen abernten. Das heißt: jenes Feld, das mehr Sonne sieht, und mit dem Ausdruck *tovīr* bezeichnet wird, erntet man zehn, zwölf Tage früher als jenes *nesām*-Feld ab, welches (eben) weniger Sonne sieht."

Neugewonnen sind damit die Ausdrücke
tovīr „Sonnenseite" (< **tapi*ˈ*βara-* ?) und
nesām „Schattenseite" (vgl. oben p. 51 *nusúm*).

Vom Dorfe Samā *(dih*ˈ*kade-i-Samā)*, 49 Kilometer südlich von Naušahr, zu dem es kommunalpolitisch gehört (FĞ 3), hoch im Gebirge gelegen, und von seinen Gīlakī sprechenden Bauern berichtet Hūšang Pūr-i-Karīm sodann in HvM Nr. 95 (1349/1970) auf p. 37f.:

میانهٔ تابستان وقت درو است. کشتهائی‌را که بیشتر آفتاب
می‌گیرند و طبعاً زودتر می‌رسند، زودتر از کشتهائی درو
می‌کنند که کمتر آفتاب می‌بینند و دیرتر می‌رسند. سمائی‌ها
آن سوئی از کوهها را که زمینشان آفتابگیر باشد «خورتاب ـ
xor tâb» یا «خور دیم ـ xor dim» ویا «گراز ـ
garâz» می‌نامند. ولی آن سوی دیگر کوهها را که کمتر
آفتاب ببیند «نسام ـ nesâm» یا «نمور ـ namur» می‌نامند
که کشتهای آن ده پانزده روز دیرتر از کشتهای «خوردیم»
می‌رسد و درو می‌شود.

„In der Mitte des Sommers ist Erntezeit. Die Felder, die mehr Sonne bekommen und natürlich schneller/früher reifen, erntet man früher ab als die, die weniger/seltener Sonne bekommen und später reifen. Die Leute von Samā nennen jene Seite der Berge, deren Boden sonnig *(āftāb*ˈ*gīr)* ist, *χor*ˈ*tāb* oder *χor*ˈ*dīm* oder auch *garāz*. Aber jene andere Seite der Berge, welche weniger Sonne sieht, nennen sie *nesām* oder *namūr*, deren Felder zehn, fünfzehn Tge später als die *χor*ˈ*dīm*-Felder reifen und geerntet werden."

Termini:

*χor*ˈ*tāb*
*χor*ˈ*dīm*
garāz
} „Sonnenseite"

und

nesām
namūr
} „Schattenseite".

Zu den mit *tāb* und *dīm* zusammengesetzten Wörtern für „Sonnenseite" s. oben p. 46f.

Die Bezeichnung *garāz* für die „Sonnenseite" war und ist mir neu; ich kann sie bis heute weder lexikalisch oder mundartlich irgendwo nachweisen geschweige denn plausibel erklären. Denn allzu kühn wäre wohl, in *garāz* ein Kompositum auf *-ǎz* zu sehen (idg. *aĝ-* mit lat. *agere*, ἄγειν; Vf., Iran. Lehngut p. 589; WIrM II p. 713) mit einem Substantiv von idg. *g*^{w}*her-* „heiß sein" (vgl. np. *garm,* dt. *warm*) wie etwa τὸ θέρος „Sommerhitze; Ernte" (Pok. 493f.). Np. *namūr* „feucht, modrig" über *nam(a)var* < **nambaˈbara-*. Zu *nesām* s. oben und *nusūm* p. 51.

C

2a

Hier nun die toponymischen Belege, bei denen – wie überall zu erwarten – die Sonnenseite überwiegt.

Zunächst np. *āftābˈrū*

ON *Eskänderī-āftābˈrū* in Ferēdān, in den Bergen westl. v. Isfahan (15 km südl. v. Dārān) gegen

ON *Eskänderī-nesār* (18 km südl. v. Dārān).

So alte mündliche Mitteilung an mich; FǦ 10 läßt den Zusatz beim ersten Dorfe fort und schreibt beim zweiten *nesā* (ohne *r*).

ON *Kalakān-āftābˈrū* in Bīlavār (Kermanschah), hat ebenda nach FǦ 5 als Pendant den

ON *Kalakān-nisār*. Altes *kalak* „Herd"?

ON *Āftābˈrū* Dorf an der Sonnenseite (also der nördlichen Talseite) des Yaɣnōb-Tales. C. Salemann in JA 243 (1955) p. 145. Vgl. unten pp. 60, 62. Bei Junker, Yaghnobi-Studien I p. 99; daselbst ein ON *Dah-i-oftobˈrū* gegen das Dorf *Dah-i-soiˈrū* daselbst.

Der Bezirk Panǧkand (Tadschikistan) hat einen Unterdistrikt

LN *Ōftōbˈrūi* (Junker, Yaghnobi-St. I p. 44), ferner hierher

Xudīf/w oftobˈrūya am Zarafšān-Fluß mit dem Gegendorf

ON *Xudīf/w-sayār* bei Junker a. a. O. I p. 55.

Für *qibleˈrū* als „Sonnenhang" habe ich keinen geeigneten Beleg gefunden. *Qible* allein bezeichnet wohl immer nur die allgemeine geographische Lage, also die Gebetsrichtung nach Mekka (SW). Überall gibt es einen *Kūh-i-qible* oder *Qibleˈkūh,* d. h. einen Berg, nach dem sich der Gläubige beim Gebet richten kann. Mitunter ist er auch auf gängigen Karten verzeichnet, z. B. bei Isfahan, Kaschan, Nairīz. Als Ortsnamen gibt es ein *Kible dağı̊* im anatolischen Çoruh (nach Köylerimiz). Von einer Aufzählung all der vielen mit *qible* zusammengesetzten Namen, obwohl sich manche in unser Schema fügen könnten, sei hier daher abgesehen, etwa ON *Dare-qeble* Bergdorf in Dīvān'darre (Sanandağ FĞ 5), *Čāhū-qeble* (Bandar-ʿAbbās FĞ 8), *Qible* bei Schiras (FĞ 7).

Bar'āftāb findet sich allein in Chusistan und Luristan 7× (FĞ 6):

ON *Bar'āftāb* 2× in Ahvāz
2× in Behbehān
2× in Xurram'ābād
1× in Burūğird

mit Zusätzen daselbst als

ON *Bar'āftāb-derāz* in Burūğird (Dō'rūd)

ON *Bar'āftāb-Kāve* (nach ON) in Xurram'ābād (Kūh'dašt – Ṭarhān)

ON *Dom-Dūš-bar'āftāb* Gebirgsdorf in Sumāq – Čiganī, zu Xurram-ābād. Über *dum* als „Bergschwanz/ausläufer/hang" s. Vf., Demawend I p. 286f., 289ff.

ON *Deh-bar'āftāb* bei den Dušmanziyārī, zu Kuh'gīlūye in Behbehān.

Dazu zwei Lurenstämme (Kuh'gīlūʾī) namens

StN *Bar'āftābī*, nach KPF II p. XVIII 1. Unterstamm der Bāvī und 2. Unterstamm der Boir-Aḥmadī (Buvair-A.), von denen nach Oskar Manns Ansicht allerdings die letzteren eine abgesprengte Abteilung des Bāvī-Unterstammes sein dürften. S. bereits oben p. 49. In Fārs ist der Ausdruck offenbar selten (nicht in FĞ 7), doch bleibt der

BN *Kūh-i-bar'āftāb* in Ğam zu Kangān (Fārs) am Persischen Golf, zwischen Fīrūz'ābād und Küste (Asāmī II² p. 355; Map Curzon II gegenüber p. 198). Das kann nun den sonnigen Berg bezeichnen und wie oben p. 48 *Xvanvant-* ein ursprünglicher Bergname sein, oder sich auf eine Örtlichkeit beziehen, bei/an der der Berg liegt.

In Arāk (früher Sulṭān'ābād) gibt es ein Gebirgsdorf

ON *Bāγ-bar'āftāb* zu Kazzāz – Sarband (FĞ 2).

Im Isfahanischen hat man (nach FĞ 10) die Dörfer

ON *Bar'āftāb-Mīlās* (nach ON *M.*) zu Šahr-i-Kurd, swestl. v. Isfahan nebst

ON *Šīrān-bar'āftāb* ebenda.

In Kerman gibt es (nach FĞ 8) Orte wie

ON *Bar'āftāb* 1. im Gebirge von Ṭārum/Saʿādat'ābād zu Bandar-ʿAbbās und 2. Gebirgsdorf in Rāvar (Kerman)

ON *Dare-Bar'āftāb* in Sīrč – Šah'dād – Kerman.

Im kurdischen Gebiet ist *bar'āftāb* (nach FǦ 5) vertreten durch

ON *Bar'āftāb* 1× in Īlām und 2× in Kermanschah

ON *Bar'āftāb-būrbūr* (*Būrbūr* auch sonst ON) in Šīrvān, Īlām

ON *Bar'āftāb-larīnī* (*Larīnī* auch sonst ON) ebenda.

Noch andere mit *āftāb* oder *χᵛar(šīd)* „Sonne" zusammengesetzte Namen mögen sich auf die Sonnenlage eines Ortes beziehen wie *Āftāb* (südl. v. Ḥusain'ābād im nordlurischen Pušt-i-kūh), *Āftāb-dar* (FǦ 1), *Aftābe* und *Aftā'χāne* (FǦ 4), *Xvarand* (in Kerman (FǦ 8), *Xvarvande* (zu Hamadān FǦ 5) u. dgl. m. Es gibt aber *āftāb/f* als „Wasserfall", *āftābe* als „Wasserkanne" (= *ʿibrīq*).

Āftāb'dar „Sonnental" heißt ein schwer zugängliches Gebirgsdorf bei Alamūt (zu Qazvīn FǦ 1).

Bemerkenswert der ON *Baraftān*, Dorf in Hanglage zu Katūl (Gurgān FǦ 3). Orte des Namens *Xurāsān* (vgl. oben p. 50) sind in FǦ und anderswo öfter verzeichnet; beim mittelalterlichen Marv (Merw) existierte eine Landschaft *Xarvarān* (u. ä.). Zu Sārī am Kaspischen Meer (FǦ 3) gehören die Orte *Xoršīd* und *Xoršīd'kalā*. Doch könnte „Sonne" hier ein Personenname sein. Zu Mesched gehört ein *Xurestān* (FǦ 9).

bar'rūz (gegenüber kurd. *be'rōže*, s. sogleich) ist belegt für den Ort

ON *Bar-rūz*, eine Wüstung zu Samīrum-bālā bei Šah'riżā (heute in Qumīše zurückbenannt) südl. v. Isfahan, (FǦ 10)

ON *Bar-rūz* zu Ābāde in Fārs (Asāmī II² p. 271; nicht in FǦ 7!).

Mit der Präposition *be-* (< *pati*) gebildet ist *berōže*, der allgemeine Ausdruck für „Sonnenseite" bei den Kurden:

ON *Gűrén a Bárózh* (Herzfeld, Paikuli Sh. 1) mit dem Oppositum *Gűrén a Nisá* ebenda: *güren (k/gūrān)* „Ring; Heerlager, Lagerplatz" ist mongolischer Herkunft (Vf., Demawend II p. 213; Doerfer I Nr. 341 p. 477).

LN *Nāḥiya Guirdī Baroža* nach B. Nikitine in EI¹ sub Šamdīnān „gegen den Tag" = *Girdi-ye Baroja* nach B. Nikitine in BSOS 3 (1923/25) p. 73 Anm. 2 „G. open to the east".

ON *Borūže-kohne* hohes Gebirgsdorf in Sabadlū bei Bāne (Saqqiz, FǦ 5)

BN *Kóh i Barózha* nördl. v. Bāne (Herzfeld, Paikuli Sh. 1)

FlußN *Berozeh* oder „Wasser von Bāne", Grenzfluß zwischen Persien und Irakisch-Kurdistan, fällt in den Kleinen Zab (C. J. Rich bei Edmonds, Kurds p. 111)

LN *Kanār-berōž* „Sonnen-Ufer" heißt die ganze Landschaft um Ṣōmāi am SO-Ufer des Urmia-Sees (FǦ 4)

ON *Bihrūza,* der alte Name von Bāne, wird erklärt als *ba-rōža,* und so heißen denn auch die dortigen Kurden mit

StN *Barōža* „die Sonnenseitigen"; vgl. EI IV^1 p. 205 a. Mit dieser Erklärung würde die Ableitung des Stammesnamens vom Mannesnamen *Bihˈrūz* ausscheiden.

ON (Kloster) *Dera Barosho* in EI IV^1 p. 328 a zu *dair,* syr. *dairā* „Kloster".

Im Sinne von *bar-rūz/be-rūz* könnte ein *rūzˈgard* „zur Sonne gewandt" (vgl. np. PflN *rūzˈgardak* „Sonnenblume" wie *āftābˈgardān*) toponymisch vertreten sein im Zusatz des Dorfes

ON *Deh-kohne-rūˈgard* 8 km. nwl. v. Ardal (Šahr-i-Kurd) im Gebirge von Pušt-i-kūh, während das Dorf Deh-kohne ohne Differenzierung zu Miyānˈkūh ebenda gehört (FǦ 10). Dialektisch gekürztes *rū* < *rūz* über ganz Iran.

ON *X*^{v}*orˈgardān* liegt in Lāhīǧān (Raḥīmˈābād – Rūdˈsar FǦ 2).

batau *(patau* < **patiˈtāp°)* „sonnige Stellen; Osten" ist im Sinne von „Sonnenseite/hang" vielleicht in folgenden Namen belegt:

ON *Bodāf* zu Abarqū (Jesd FǦ 10)

ON *Batū* (falls = *°ō, °ou*) zu Nīšāpūr (h. amtlich Neišābūr zu sprechen; FǦ 9), vielleicht auch im

ON *Betavī* zu Qaṣr-i-Šīrīn (FǦ 5; Stammesname?), Sarpul.

Für das ostiranische Yaγnōb-Tal in Tadschikistan ist Nord- oder Südlage von entscheidender Bedeutung. Daher vielleicht

ON *Budāu* an der Sonnenseite des Haupttales gelegen (Junker, Yaghnobi-Studien I p. 53). Damit eventuell sprachlich verwandt oder gar identisch

ON *Bīdif/Pitip*
Bīde^w
} auf der Nordseite des Yaγnōb-Tales, d. h. der Sonne zugekehrt. Bei Junker a. a. O. pp. 73, 78, 120 f., Karte p. 127 sowie É. Benveniste nach R. Gauthiot in JA 243 (1955) p. 143 ff.

Rein persisch ist im Yaγnōb-Tal der Name der Dörfer
ON *Āftābˈrū* (oben p. 57) nebst dem Gegensatzpaar
ON *Dah-i-oftobˈrū/soiˈrū* (ebenda).
Belutschisch *tāpˈdēm* ist zugleich ein Toponym (pp. 43, 47):

ON *Tāpˈdēm* s. Brian Spooner in Iran 5 (1967) p. 68.

Das Element *tāp* (idg. *tep-* „heiß"), das wir in *āftāb* „Sonne" haben, ist auch (s. oben p. 47) in *χ*^{v}*arˈtāb* vertreten; daher der

ON *Xᵛortāb'sarā* in Lāhīǧān (Siyā'rustāq FǦ 2): *iḥtimālan ǧā'ī ke āftāb bītābad* (Herawi). Aber liegt dieses *tāb* auch vor in

ON *Sar-ṭāve* als „zur Sonne hin"? Hangdorf zu Kāzerūn (Ǧarūq – Kūh'marre FǦ 7).

Für ossetisches *χonsar* (Digor) und *χūssar* (Iron) „südwärtiger Abhang" sind die geographischen Entsprechungen von der zuständigen Forschung zu ermitteln. Was die alte Zeit anlangt, so sei an den Kaukasus-Stamm der

StN *Chorsari* bei Plinius, Nat. Hist. 6, 50 erinnert, den wir oben (p. 48) als entsprechend plausibel erklärt vorgestellt haben.

Nach C. v. Hahn, Erster Versuch einer Erklärung kaukasischer geographischer Namen (Stuttgart 1910) gibt es dieses *χūssar* mehrfach als

ON *Chussurt/da* für „Ortschaften, welche am Südhang des Gebirges liegen", ferner

ON *Chussur-Chunsar* ebenda.

C

2b

Wie für die Sonnenseite so ist auch für die Schattenseite reichlich, wenn auch vielleicht nicht ganz so reichliches Material in der Toponymie vertreten. Hier läßt sich die Schattenseite belegen als kurd. *sā* (etwa bei Wahby-Edmonds, bei MacKenzie in BSOAS 28, 1965, p. 281; auch wohl np.), als *sāi* (so auch bei den Gelbāγī-Kurden) und natürlich als np. *sāye,* letzteres vielfach im positiven Sinne eines kühlen Ruheortes, eines schattigen Zeltdaches oder Baldachins. So in

ON *Sāye'bān* zu Lār (FǦ 7)

ON *Sāye'bāne* zu Burūǧird (FǦ 6)

ON *Sāye-kor* zu Kermanschah (FǦ 5)

ON *Sāye-χoš* zu Lār (FǦ 7)

ON *Sāye-sangān* im Gebirge von Bīrǧand (FǦ 9)

ON *Sāye'vand* zu Kermanschah (FǦ 5).

Es ist jedoch sehr die Frage, ob mit dem Wort *sāye* hier immer auf den Gegensatz „Sonnen/Schattenhang" angespielt ist. Eher gehören wohl die meisten der Namen in die Kategorie der „Lustorte".

Wie viele der anklingenden Namen aus dem Kurdengebiet wirklich *sā* = *sāye* enthalten, ist schwer zu sagen. Genannt seien aus FǦ 5

ON *Sā'dūl* (Bīlavār–Kermanschah) „Schattental"? NB. Aber ON *Siyāh'dūl* in Īlām (früher Ḥusain'ābād FǦ 5) ist insoweit keine direkte

Parallele, als *siyāh* „schwarz" bei den Kurden (und vielfach sonst) als *sī*, nicht als *sā* erscheint.

ON *Sā'kene* (ebenda in Bīlvār) „Schattenschlucht"? Oder arab.?

ON *Sā'mele* (in Bīlavār und in Māhī'dašt-i-bālā) „Schatten-Paß"?

ON *Sā'mere* (Māhī'dašt – Kermanschah) „Schatten-Kluft/-Höhle"?

Auf Kartenskizzen einzelner Publikationen fallen ins Auge

ON *Sai sénán* (Herzfeld, Paikuli Sh. 1)

ON *Saikáwan* (daselbst Sh. 2)

ON *Chigha Sai* (bei Schmidt, Flights).

Für den Dorfnamen

ON *Sāī'känt* (Bāğalān-Dorf) vermutet K. Hadank in KPF III/II p. 41 Anm. 3 *Seid Khan* (*Sayyid* oder *Saʿīd*? E.). Ebenda p. 278 ist *sāī* „Apfel" (np. *sīb* < *sēv*). Hier überall lassen sich noch andere Deutungen erwägen. Aber °*känt* ist natürlich das aus dem Iranischen geflossene türk. *kand/t* „Siedlung, Ortschaft" (Vf., Geogr. Nameng. p. 24).

Die Form *sayār* mit *-r* (s. oben p. 52) ist belegt durch

ON *Xudīw/f-sayār* am tadschikischen Zar'afšān-Rūd gegen ON *Xudīw/f-oftob'ruya* (Junker, Yaghnobi-Studien I p. 55; s. oben p. 57).

sāya'rū (falls so zu zerlegen) findet sich ebenfalls im Tale des Yaɣn'ōb.

Dort steht dem Dorfe

ON *Dah-i-soiru* ein ON *Dah-i-oftobru* gegenüber (vgl. schon pp. 57, 60). Bei Zerlegung in *sāyar-ū* käme soeben berührtes *sayār* als *sā(ye)* + °*βar* in Frage.

Kurd. *kere'sī* „Schattenort/seite" ist wohl zusammengesetzt aus türk. *qara/kara* „schwarz" und np. *siyāh* dass. (schwerlich mit np. *sāye*, das als *sā* erscheinen würde, s. p. 61f), also Synonymkompositum (oben p. 46 Anm. 20, p. 53). Es findet sich wieder im kurdischen Dorfnamen

ON *Kara'sī* (Gebirge um Sanandağ, FĞ 5). Aus „schwarz" und „Schatten" hingegen zusammengesetzt ist der ON *Siyáh'nesár* (Paikuli Sh. 1; unten pp. 67, 68).

Ob man die Antithese „schwarz–weiß" in iranischen Bergnamen wie *Siyāh'kūh* – *Safīd'kūh* auch auf unsere Kategorie beziehen darf, scheint fraglich. Vielleicht heißt der schwarze Berg so, weil er vom Süden her schneller als „aper" erscheint, während der weiße Berg noch bis in den Sommer hinein Schneespuren trägt.

Kurd. *sahan(d)* „the shady side of a hill" gegenüber *sā* „Schatten" etwa bei D. N. MacKenzie in BSOAS 28 (1965) pp. 267, 281. Vgl. ebenda *sā-y sahand-i sang* „in the shade of a rock". Mardūχ führt in seinem Kurdisch-Persischen Wörterbuch unter *sahan* als Synonyma an kurd.

sēwar und np. *sāye, sahand.* Wir haben *sahan* im bekannten Namen des Gebirgsstockes

BN *Sahand* in Aserbeidschan, erloschener Vulkan, ca. 3600 m hoch, südl. v. Täbris, westl. v. Urmia-See (FǦ 4 usw.)

LN *Sahand'ābād* zu Täbris, nach FǦ 4 die Landschaft am südöstlichen und nördlichen Hange *(dāmane)* des *Sahand*-Berges.

ON *Sahand-bālā/pā'īn* zu Zanǧān (FǦ 2).

NB. Rein lautlich schon abzulehnen ist Ernst Herzfelds Herleitung des BN *Sahand* von av. *Asnvant-* (AirWb 220) in AMI 2 (1930) p. 72; dieses vielleicht eigentlich „felsig" (Vf., Demawend p. 326). Wenn man spätere (volksetymologische) Umdeutung annimmt, sind natürlich solche Gleichsetzungen möglich. Der *Sahand* als „Schattenberg" ist also von Norden, von Täbris her so benannt worden.

Kurd. *sēwar/sīwar,* bei Mardūχ s. v. = kurd. *sā, sahan,* np. *sā* und *sāye,* läßt sich vermuten in

ON *Siverek (Sīwerek)* in SO-Anatolien, südl. v. Kharput. Zur Lage des Ortes und der Schreibung seines Namens s. KPF III/IV p. 45f. mit Lit. J. Markwart erklärte sich den Namen auf armenisch als „Schwarzort", später als „schwarze Ruinenstätte". Die Kiepertsche Karte bietet neben *Severek* ein *Sevavorak.* Deminutivname (Vf., Topon. Übertr. p. 310ff.). Östl. v. Murād-Ṣū, söstl. v. antiken Arsama.

ON *Saivar* Bergdorf zu Sanandaǧ (FǦ 5)

ON *Sīvarī* (< StN?) Bergdorf zu Bīǧār (FǦ 5). Das Verhältnis der beiden letztgenannten Namen kann man sich etwa so denken: Die Leute vom Dorfe *Sēwar* („Schattenhang"; *ai/ē/ī* in den offiziellen Lateinumschriften können vernachlässigt werden, umso mehr als sie oft auch in den Mundarten schwanken) bilden die Sippe der *Sēwarīs,* die nun ihrerseits anderswo siedeln und der Neugründung zum Namen *Sēwarī* verhelfen. Ähnlich das Verhältnis der Dörfer *Gelāl* („Tal", aus dem Aramäischen) und *Gelālī* (beide zu Sanandaǧ; FǦ 5). Viele andere Beispiele.

Als arabisch (von Arabern bewohnt) scheidet aus

ON *Ṣavaire* (eigentl. wohl *Ṣu°*) in Šādegān – Ǧarrāḥī – Xurram'šahr (FǦ 6).

Zum Abschluß der mit **sāya-* „Schatten" gebildeten Namen sei auf das merkwürdige Beiwort *duš'sāyīk* „mit bösem Schatten" hingewiesen, das die Landschaft um Kabul nach dem Pehlewi-Vendidad erhält. Im Urtext steht (Vd. 1, 9) *Vaēkərəta- dužakō.sayana-,* d. i. nach AirWb. 1313: Βαγαρδα, das Land (das „Lager") des Stachelschweines (NB.

nicht des Igels!). Aber das hat man später nicht mehr verstanden und hat dafür

ON *Kāwūl ī duš'sāyīk*

eingesetzt. Ein Zusatz besagt, daß damit der unzuträglich schlechte Schatten der Bäume gemeint sei: *ē kū sāyak-ī-draχtān pat tan vat.* Ein weiterer Zusatz aber besagt, daß es sich um den Bergschatten handele: *hast kē ān-ī-kōfān gūyēδ.* Damit aber sind wir wieder zurück beim Thema unserer Untersuchung. Sollte auf die eisig kalten Nordseiten der Hindukusch/Paropamisos-Berge angespielt sein?

Für belutschisch *sāig, sāh* oder vielleicht ähnliche den Schattenhang bezeichnende Termini fehlt es mir noch einstweilen an geeigneten Belegen.

Desgleichen ist für afghanisch *syōrai, sĭwarai* noch ein genaueres Studium der Reise- und Kartenwerke sowie der alten Quellen und modernen Ortsnamenverzeichnisse erforderlich.

Np. *nasā* und *nasăr,* auch wohl *nisā* (in FĞ z. T. *nesā'* geschrieben wie arab. „Weiber"), *nisar* u. ä. ist der eindeutige und weithin gebrauchte Terminus für den „Schattenhang", die Schattenseite des Berges, und findet sich entsprechend landschaftlich-mundartlich wohl über ganz Iran hin immer wieder. Die etymologische Herkunft der Wörter bleibt einstweilen ebenso dunkel wie realiter der sonnenlose Ort, den sie bezeichnen. Aus einer großen Fülle bringen wir die folgenden toponymischen Belege. Zunächst in Entgegensetzung Schattenseite gegen Sonnenseite in geographischer Bezeugung die Paare

ON *Eskänderī-āftāb'rū/nesā* in Ferēdān/Isfahan

ON *Gúren a Báróżh/Nisá* um Paikuli, zwischen Sulaimānīya und Xānaqīn (Qaṣr-i-Šīrīn)

ON *Kalakān-āftāb'rū/nesār* im kurdischen Bīlavār/Kermanschah.

Die Opposition Sonnen-/Schattenseite gewährleistet die Sicherheit der Deutung. Diese Opposition gehört in die Kategorie der Differenzierung von Ortsnamen wie Ober-/Unter-, Groß-/Klein-, Breit-/Schmal-, Alt-/Neu-, Vor-/Hinter- usf., wie bei uns so auch im ganzen Vorderen Orient und weit darüber hinaus reichlich vertreten (Vf., Topon. Übertr. p. 317). In solchen Namenspaaren ist *nasā* usw. als „Schattenort" immer sicher.

Anders liegen die Dinge, wenn *nasā* usw. allein oder gar einzeln auftritt. Im Folgenden daher mit allem Vorbehalt die zum Teil auch anders deutbaren Orte:

ON *Nesā* an der Čālūs-Straße im Karağ-Tal, 64 km oberhalb der Stadt Karağ (westl. v. Teheran). Daselbst liegen Kohlengruben an der Hauptstraße im Schatten eines südlich gelegenen Berges. Bei Ann K. S. Lambton, Three Persian Dialects (1938) p. 79 *Nesār* mit *-r*, was ich in der Gegend auch gehört habe. FĞ 1 (dort *Nesā*ʾ geschrieben). Bei Bobek, Taχt-i-Sulaimān p. 242 und Karte.

ON *Nesā* in Behnām-e-vasaṭ zu Varāmīn/Teheran FĞ 1

ON *Nesā-ʿulyā/suflā* Gebirgsdörfer in Ṭālaqān, das Oberdorf am Šāhˈrūd (Freya Stark, Assassins, 1946, Map; bei Bobek, Taχt-i-Sulaimān Karte) FĞ 1

ON *Nisā* im Kargas-Massiv zwischen Qum und Isfahan

ON *Nesā* Niederung bei Šahr-i-Kurd südl. v. Isfahan (zu Puštekūh – Ardal) FĞ 10

ON *Nesā-pāʾīn* Wüstung zu *Samīrum-i-bālā,* südl. v. Isfahan (Qumīše) FĞ 10

ON *Nisa* nördl. v. Bandar-ʿAbbās auf Map Curzon (nicht in FĞ 8)

ON *Nasā/Nisā* südöstl. v. Bam in Narmāšīr (Kerman) in einer Ebene mit flußbewässerten Gärten. Vgl. LeStrange, Lands p. 314; Schwarz pp. 229f., 238

ON/LN *Nasā* in *Dastabā* (< *dašt-i-pāy-i-kūh*?) zwischen Hamadān und Qazvīn. Schwarz p. 554ff.: „nisäische Gefilde"?

ON *Nisā(yak)* nördl. v. Schiras, arabis. *al-Baiḍāʾ* „die Weiße" (s. sogleich unten)

ON *Nasā/Nisā* in Chorasan, nahe den Quellen des Atrak-Flusses, beim heutigen Aschchabad (russ. für ʿIšqˈābād), östl. des Hochlandes Ustuvā (LeStrange, Lands p. 393; Minorsky, Ḥudūd p. 103). Nach Markwart, Wehrot p. 7 Νησαία, wo einst der Oxus mündete (Strabo 11, 7, 3 p. 509). Hier im heute russischen Turkmenistan lag die erste Hauptstadt der Parther. Russische Ausgrabungen (1946ff. wieder aufgenommen) förderten Tausende von parthischen Geschäftsurkunden in Ostraka-Form aus dem 1. nachchristlichen Jahrhundert zutage.

ON *Nasā* eine Tagereise von Schiras auf dem Wege nach Norden, über Sumairam (h. Samīrum) nach Isfahan. Schwarz I p. 16f., III p. 180ff. Dieses *Nasā* gehört nun gewiß nicht zu unseren Schattennamen; denn sein arabischer Name heißt übersetzt *al-Baiḍāʾ* „die Weiße" (Nöldeke, Tabari p. 5 Anm. 2), und Yāqūt gibt das noch einmal rückübersetzt als *Dar isfīd* wieder, d. h. „weißes Tor" – oder sollte statt در nicht vielmehr دز *diz* gemeint sein: „Weißenburg"? Nach Ibn Ḥauqal wäre es *Dār isfīd* (LeStrange p. 280) und zwar als Übersetzung eines vollständigeren *Nasātak* = *Baiḍāʾ*. Das ist ja wohl **Nasāyak* zu lesen (mit ـيـ statt ـتـ), und das ist auch der ursprüngliche persische Name eines anderen *Baiḍā'*, in *Basābak* verlesen (Schwarz p. 432 f.) mit ـبـ statt ـن bzw. ـيـ. Dieses *Baiḍā* = *Nasāyak* lag fünf Fersach vor Arraǧān (beim heutigen Behbehān im südöstlichen Luristan, FǦ 6), wenn man von Ahvāz kommt. *Nasāyak* geht auf ein **Nisāγak* zurück. Im Turfanpehlevi (NW!) ist *nisāγ(ēn)* „strahlend, glänzend", *nisāγēft* „Glanz, Helligkeit". Also ein ähnliches Städte schmückendes Beiwort wie das von Balch: *Bāχl-i-v/bāmīk* „das strahlende Baktra" nach Vd. 1, 6, und davon wohl der heutige ON *Bāmiyān* < **Bāmīkān*. Nach Iṣṭaḫrī heißt unser *Baiḍā'* deshalb „die weiße" Stadt, „weil sie eine Veste hat, die in die Ferne leuchtet und in ihrer weißen Farbe weithin gesehen wird" (s. Schwarz I p. 16). Man denkt an *Casablanca* = *ad-Dār al-baiḍā'*, den großen marokkanischen Atlantikhafen. Mp. *nisāk/γ* zu idg. *nei-* wie lat. *nitēre*?

FǦ 7 führt das alte *Nesā* als *Tol-Beiżā* auf (*tul* im Süden Irans = arab. *tell*) im Bezirk von *Baiżā*, wie heute die ganze zu Ardakān gehörige Landschaft heißt, 63 km südöstl. v. Ardakān, an einer Seitenstraße von *Zarqān* (d. i. *zar'γōn*) aus erreichbar (war selbst dort). Zu diesem *Baiżā* gehört das Dorf *Āš*, worin man mit Hansman den Namen des altorientalischen (elamischen) *Anšan* erblicken mag, mit den Keilschrifttafel-Funden von Tappe Malyān.

ON *Nisā-i-miyāne* „das mittlere N." < *Nisāk-i-miyānak*, später auch Yahūḏān genannt, südl. der Linie Balch–Merw, heute *Maimane* in Afghanistan. So nach Minorsky, Ḥudūd p. 335.

Die Enzyklopädie des Islam (1. Auflage) hat unter *Nasā* „(oft *Nisā*). Name mehrerer Orte in Persien; nach Bartholomae bedeutet *nisāya* ‚Niederlassung' Νησαῖα, Νησαῖον πεδίον etc." Darüber s. weiter unten p. 69.

In Verbindung mit anderen Wörtern findet sich *nasā/nisā* sehr häufig, z. B. als

ON *Deh-nesā* Bergdorf zu Behbehān (Stamm der Ṭayyibī-i-sarḥaddī – Kuh'gīlūye FǦ 6). In Opposition zum ON *Deh-bar'āftāb* in Behbehān (Stamm der Dušmanziyārī).

ON *Bon-nesā'* in Tafriš zu Arāk (früher Sulṭān'ābād) FǦ 2.

LN *Deste'nesā/e* am Safīd'rūd, westl. v. Tapuristān, bezeichnet nach Houtum–Schindler in ZDMG 38 (1884) p. 92 f. die „Nordseite des Elburs" *(dast = ṭaraf)*.

FlußN *Nesā-Rūd* nach FǦ 3 sub ON Pūde in Šah'savār.

PaßN *Gardane-Nesār* bei Qazvīn-Rūd'bār. Bei Gulrīz, Mīnūdar [Gehört auf p. 68!]

FlußN *Rūdχāne-Nisā* ist nach Gabriel, Weltf. p. 193 ein heiteres Tal südl. v. Bam. Ähnlich oben der FlußN *Nesā-Rūd* nach FĞ 3.

FlurN *Tscheschme-i-nesa* bei Sven Hedin, Ostpersien I, von Zetterstéen daselbst II p. 347 erklärt als „Quelle von Nisa" (!).

FlurN *Tscheschme-i-kemi nesa* ebenda I p. 43. NB. *kem* wie in *Tscheschme-i-kemi Murād* gleichen Orts; *kam* oft in FĞ 8 und sonst.

ON *Ğūb-nesā* am Berghang gelegen *(dāmane-i-kūh),* zu Ğānakī – Lurdegān – Šahr-i-Kurd, südl. v. Isfahan (FĞ 10). NB. *ğūb* < *ğūy-i-āb* „Wasserlauf, Bewässerungsgraben".

ON *Qare-nesāʾ* nach FĞ 4 ein Kurdendorf zu Reżāʾiyye am Urmia-See in Barādūst – Ṣōmāi. Zur Bildung mit türk. *qara* „schwarz" vgl. den ON *Siyah-nisar* unten p. 68.

Fraglich, ob hier anzureihen

ON *Ārˈnīsāʾ* in Nāzlū zu Reżāʾiyye (Urmia), mit NW *ār* „Mühle"? (FĞ 4).

ON *Nāˈnīsāʾ* zu Marāɣe in Aserbeidschan, mit kurd. *nāw* „zwischen"? (FĞ 4).

Fraglich auch

ON *Neisā-čāh* bei Rescht (FĞ 2). S. p. 68.

Es folgt nun eine Sammlung der vielen Namen, die das um *-r* erweiterte *nasăr, neser* u. ä. enthalten. Zunächst bloßes *nasar/nesār:*

ON *Nesār* Kurdendorf am „Tor von Asien" (Dīre – Gīlān – Šāhˈābād FĞ 5).

ON *Neṣār* (mit pseudo-arabischem *ṣ*!) Lurendorf (Bālā – Nehāvand FĞ 5).

ON *Nesār* Ober- und Unter-*N.* im Elburs. Lambton, Three Dialects p. 79. Dafür offiziell in FĞ 1 *Nesāʾ*. Im Karağ-Tal an der Čālūs-Straße, 64 km oberhalb von Karağ (s. oben p. 65).

ON *Nasar* am Berghang *(dāmane-i-kūh)* gelegener Hauptort von Bālā-Roχ (zu Kadkan – Turbat-i-Ḥaidarī FĞ 9).

ON *Nesāre* 1. kurdisches Bergdorf (Qarāˈtovare – Dīvānˈdarre – Sanandağ FĞ 5). 2. *Nesára* (Herzfeld, Paikuli Sh. 1).

Die Kurzform *năsăr* findet sich auch im

ON *Čāh-nasar* zu Nischapur (s. sogleich).

Weiter *nesār* mit nachgestellten Zusätzen:

ON *Nesārˈdale* gebirgiges Lurendorf in Vaisiyān zu Xurramˈābād (FĞ 6).

PaßN *Nisar-i-Kerind* unweit von Kerind am „Tor von Asien". Bei Alex. Stahl in Petermanns Mitteilungen 57 (1911) p. 69 a.

ON *Nesār-ʿEmrānī* Lurendorf in Šīrvān – Čardāvol – Īlām (FĞ 5). Nunmehr *nesār* mit Vorsätzen:

ON *Čašme-nesār* kurdisches Gebirgsdorf in Qubādī (Ṣalāṣ – Kermānšāh FĞ 5). Zur Illustration des Namens „Schatten-Quelle": Für schattiges und also kühles Quellwasser hat der Araber ein eigenes Wort: *ẓalal*, nach Freytag Wb. „aqua sub arbore, quam sol non attingit". Ähnlich daselbst *ẓalīl* und *ẓalīla* f., zu semit. *ẓill-* „Schatten". Belot Wb. sub *ẓalal* „eau toujours à lʾombre". Vgl. oben p. 67 *Neisā-čāh?*

ON *Kallah Nisār:* Ausgrabungen in Chusistan, MDOG 104 (1972) pp. 46, 60 (nicht in FĞ 6, nach L. Vanden Berghe).

ON *Kalakān-nesār* Kurdendorf in den Bergen von Bīlavār (Kermanschah) mit Oppositum

ON *Kalakān-āftābˈrū* ebenda (s. schon oben p. 57).

ON *Kalage-boland-nesār* bewohnt von Luren und Kurden in Čardāvol (Šīrvān – Īlām FĞ 5).

ON *Vai-nesār* Hangdorf in Čahārˈdoulī (Qorve – Sanandağ FĞ 5). Ein anderer Ort trägt gleichfalls den Namen als Beisatz:

ON *Qāsemˈābād-Veiˈnesār,* ein kleines Dorf am Qi̊zi̊lˈuzun-Fluß, das zum wohl benachbarten Nağafˈābād von Bīğār gehört (FĞ 5).

ON *Siyáh nesár* (Herzfeld, Paikuli Sh. 1).

ON *Čāh-nasar* (mit kurzem *ă*) in ʿEšqˈābād (Fadīše – Nischapur FĞ 9).

BN *Kuh-i-Naisar* südl. v. Kāzerūn auf Karten, entzieht sich wegen vieldeutiger Umschrift vorsichtiger Analyse.

Kaum möglich ist es, weitere Namen mit einiger Wahrscheinlichkeit dem Schattenhang-Komplex zuzuweisen. Das gilt vor allem für die Kurzform *nas, naš, nuš.* Immerhin seien Ortsnamen genannt wie

ON *Nesen* im Elburs zu Āmul im obersten Nūr-Tal, bei Lambton, Three Dialects p. 79 (FĞ 3). Bekanntes Jagdgebiet. Dafür hörte ich die Aussprache *Nesīn, Nesind.*

ON *Nesel* in Aurāmān (Razˈāb – Sanandağ FĞ 5).

ON *Nesel* zwei Bergdörfer 1. zu Āmul *(Nasel),* 2. zu Bābul (FĞ 3).

BN *Nasruh* im Elburs (Hedin, Dissert. p. 314).

ON *Našar* Türkendorf im Gebirge, zu Hamadān (FĞ 5).

ON *Našhar* (Aussprache?) Dorf in Hanglage, zu Xumain (Maḥallāt FĞ 1).

LN *Neštā* am Kaspi-See mit Hauptort des Namens.

ON *Naštāˈrūd* (zu Šahˈsavār FĞ 3).

ON *Naš'rūd-kol* 15 km südöstl. v. Rescht (FĞ 2).

ON *Našū* zu Kaschan (FĞ 3).

ON *Nišve* (Aussprache?) zu Sāve (FĞ 1) und vieles andere mehr, was anklingt, entgeht einstweilen wenn vielleicht nicht jeder, so doch unserer gegenwärtigen Beurteilung.

Mit *nisā* und den Schatten-Namen könnte man nun zusammenbringen (und man hat es leichtsinnigerweise auch getan) den ähnlichen altiranischen Landesnamen.

1. LN ap. *Nisāya,* einen Landstrich *(dahyuš)* in Medien, wo nach Bis. § 13 der falsche Smerdis, der Magier Gaumāta, von Dareios und seinen Helfern geschlagen und umgebracht wurde. Akkad. ^{kur}*Ni-is-sa-a-a,* elam. ▷ *Nu-iš-šá-ya* ergeben die gleiche Lautung wie im Altpersischen mit bemerkenswertem *-s* statt *š* nach *i*-Vokal (sollte *niš°* sein). Die gewöhnliche Ableitung ist von ar. *śai-* (griech. κεῖσθαι) „liegen", dann also als „Niederlassung" oder „Niederung" zu verstehen. So bei Markwart, Kaukasus p. 9; Bartholomae, AirWb 1085 f.; Kent, Old Persian p. 194 a usf.

Bei den Griechen heißt diese medische Landschaft (Identität vorausgesetzt) „nisäische Ebene": πεδίον μέγα τῆς Μηδικῆς, τῷ οὔνομά ἐστι Νησαῖον (Herodot 7, 40). Die Eta-Schreibung geht wohl auf Kosten des bekannten Iotazismus und begründet keinen Einwand; ein solcher ist wohl auch nie erhoben worden. Von der nisäischen Ebene stammten die edlen und berühmten Pferde, die Νησαῖοι ἵπποι (Herodot l. c., ferner 3, 106, und 9, 20), einst für ihre Größe geschätzt – so ganz im Gegensatz zu den zwar hochleistungsfähigen kleinen *yābū* der Luren und Kurden in der Gegenwart.

Nach Suidas sub ἵππος Νισαῖος liegt der Herkunftsort dieser Pferderasse zwischen der Susiana und Baktrien – ein sehr großzügig bemessener geographischer Raum. Bedeutsam wäre die Suidas'sche Angabe, wenn wir sie verstünden: τόπος ἔστι Καταστιγώνα ὅπερ Ἑλλάδι γλώσσῃ Νίσος καλεῖται. Sollte nicht umgekehrt das rätselhafte Καστιγώνα vielmehr die (verstümmelte) griechische Übersetzung von air. *ni'sā°* sein, wobei κατα (+ στείχω?) dem iranischen *ni-* „nieder, unter" entspräche?

Allzu kühn urteilt Rudolf Hanslik in Pauly-Wissowas Reallexikon s. v. „Die Ebene hat ihren Namen . . . . wohl durch Übertragung aus dem ursprünglichen Herkunftsland dieser Pferde bekommen, und er ist mit den iranischen Wanderungen weitergewandert." Für diese Vermutung wird kein Indiz beigebracht; wohl aber sprechen alle Zeugnisse dagegen. Auch die Ansetzung mit ursprünglichem η statt ι widerspricht der achämenidischen Schreibung in Bis. § 13, also einem unmittelbar-gleichzeitigem Hauptbeleg. Zu den antiken Nachrichten s. ausführlich J. Sturm sub Νίσαια bei Pauly-Wissowa, jetzt auch J. Duchesne-Guillemin im Kleinen Pauly s. v.

Es bleibt durchaus fraglich, ob angesichts der vielen weiten Talebenen im iranischen Hochland der ON/LN *Nasā* in Dastabā (zwischen Hamadān und Qazvīn) mit der hier gemeinten alten medischen Landschaft übereinstimmt, wie Paul Schwarz V p. 555 f. naheliegenderweise vermutet (oben p. 65).

Ein weiterer Anhaltspunkt erweist sich als trügerisch. Nach Bis. § 13 liegt in diesem medischen *Nisāya-* die Burg *Sikayauvatiš: Sika⸢ya⸣uvatiš nāma didā, Nisāya nāma dahyuš* = babyl. in ^{uru}*Sik-kam-ú-ba-at-ti-*ʾ, *ina* ^{kur}*Ni-is-sa-a-a* = elam ⊳- *Ši-ik-ki-ú-ma-ti-iš ḫiše,* ⊳- *Nu-iš-šá-ya ḫiše.* Denn freilich wo diese Burg (babyl. „Stadt“) *S.* wirklich lag, weiß natürlich niemand. Der landschaftliche Begriff Medien ist weit, und der Name *S.* hat sich offenbar in keiner modernen Form erhalten – jedenfalls gewiß nicht im Namen des modernen Weilers *Sīvänd* bei Persepolis (s. Verf. WIrM III).

2. av. LN *Nisāya-* nach Vendidad 1, 7 zwischen Merw und Balch gelegen, „fünfbester der Orte“, aber berüchtigt für die Zweifelsucht seiner Bewohner. Die Pehlewi-Übersetzung (ed. Kapadia, Bombay 1949) deutet in einer Glosse an, daß es noch ein anderes *Nisā* gebe. Gemeint ist möglicherweise das *Nisā* von ʿIšq|ābād (russ. Aschchabad) in Turkmenistan, der ältesten Arsakiden-Hauptstadt (s. oben p. 65). Aber der Name war als gängiges Appellativum offenbar im alten Iran recht allgemein. Zur Unterscheidung dieses parthischen *Nisā* diente ein Zusatz, den uns Isidors Mansiones Parthicae in cap. 12 erhalten haben: Παϱϑαυ|νισα „das Parther-Nisā“ (so wenigstens, wenn man der überlieferten Textgliederung folgt).

Mit der Stadt Νῆσις bei Arrian, Periplus Ponti Euxini 18, 2, 3 und der Landschaft Νησιῶτις bei Ptolemaios 5, 9, 17 im asiatischen Sarmatien läßt sich vorderhand wenig in unserem Zusammenhange anfangen.

Um noch einmal zusammenzufassen: Für die „nisäischen Gefilde“, von denen die berühmten „nisäischen Rosse“ stammten, sind – manchmal rein aus Namensanklang, meist aber mehr tastend-gefühlsmäßig – unter anderem folgende Gegenden in Anspruch genommen worden:

1. av. *Nisāya-* m. zwischen Merw und Balch nach Vend. 1, 7 (AirWb 1085 f. – der Zusatz dieser Ortsbestimmung soll auf noch anderswo existierende *N.*s hinweisen). Das ist vielleicht der ON Νίσαια (ἢ Νίγαια) bei Ptolem. 6, 10, 4; 8, 23, 6.

2. Eine Gegend zwischen der Susiana (Elam) und der Baktriana (Balch, Nord-Afghanistan) nach Suidas s. v. ἵππος Νισαῖος. Weiter kann man in der Tat die Ortsbestimmung kaum fassen.

3. Dašt-i-Alištar in Nord-Luristan, mit vielen prähistorischen Relikten (von mir selbst bereist). Schwarz V p. 664 Anm. 11: „Hier suchen manche die nisäischen Felder, die Alexander d. Gr. auf seinem Wege von Opis nach Egbatana besuchte (Justi 1, 25).“ FĞ 6 sub Alaštar.

4. Endlich eine allgemeine, oft kolportierte Angabe irgendwo „zwischen Hamadan und Teheran“!

Ebenso wenig wie air. *Nisāya-* stehen wohl die meisten der *Nisā*-Städtenamen im Zusammenhang mit *nasā* „Schattenseite“, vielmehr muß man damit rechnen, daß ein Teil davon auf altes *nisāk/γ* „glänzend“ zurückgeht und damit ursprünglich so viel bedeutet wie das übersetzte *al-Baiḍā* (oben p. 65f.).

So weit zu den *nisā*-Wörtern.

Zur Schattenseite, die bei den Kurden auch bloß negativ ausgedrückt werden kann (vgl. np. *āftāb'nagīr*), nämlich durch *χur-na'wazān* (oben pp. 44, 46 Anm. 29) d. h. „von der Sonne nicht beschienen“, tragen wir hier noch nach den Schluchtennamen

TalN *Xwār-na-wezān* beim *Āw-e-Spī (āb-i-safīd)* nach Edmonds, Kurds p. 369 „Where-the-Sun-never-Shines“. Klingt hier kurd. *χuār* „abwärts; Abhang“ mit an?

Ossetisch *cägat* als „die der Sonne nicht zugekehrte Seite“ (im Gegensatz zu *χūssar*, oben pp. 44, 48 ist landschaftlich wohlbezeugt durch den

BN *Duman's/zagat,*

der von C. v. Hahn, Kaukasische geographische Namen s. v. als Komposition aus *dimän* „(Raucherort)“ + *zagat* „Nordabhang, welcher (von Nebel) raucht“ gedeutet wird. S. bereits Vf., Demawend I p. 343 Anm. 155. Ist *dimän* hier nicht das türkische *duman* „Rauch, Qualm, Dampf, Staub(wolke), Nebel“ das auch in anatolischen Ortsnamen ausgiebig vertreten ist (Vf., Demawend I p. 343 Anm. 153)?

Osset. *cägat* wird von Ws. Miller (Im GIrPh I Anhang p. 91 Nr. 12) erklärt als Zusammensetzung mit dem Wort *vat* „Stelle, Lager“. Abajev Wb. I (1958) p. 296 setzt *cœgat* (opp. *χūssar*) mit pers. *čakāt* gleich, also mit np. *čakāδ*, das toponymisch in den vielen *čiγā/čiyā*-Namen des Zagros weiterlebt (vgl. Vf., Demawend I p. 358, II p. 198; ders., Geogr.

Nameng. p. 41 Anm. 147) und dort einfach „Berg, Hügel" bedeutet (wie *tappe, kūh*). Dieser Gebrauch und die mögliche etymologische Ableitung (ai. *kakúd-* „Kuppe, Gipfel", lat. *cacūmen*) will semantisch nicht recht zu unserer „Schattenseite" passen.

D

Bisher hatten wir bei unserer tour d'horizon die semitische Seite völlig ausgeklammert, wo sich ja die Entgegensetzung „Sonne–Schatten" gleichfalls in appellativer und toponymischer Weise ausdrückt. Das sei abschließend hier noch mit einigen Hinweisen nachgeholt.

Zunächst das arabische Gebiet, das in seinem nördlichen Teil sehr wohl den Gegensatz Sonnen-/Schattenseite kennt (Vf., Geograph. Nameng. p. 7).

Für Sonnenseite finde ich

šamīs „Ort, wo die Sonne hinscheint", aber auch *šāmis* und *mušmis* „sonnig", *mutašammis* „soli expositus" und andere Ableitungen von *šams* „Sonne"

šarqa f. „Sonnenseite, sonniger Platz", dazu *mašrāq/mišrāq, mašraqa/mušraqa* f., *mišrīq,* wohl auch *mašriq* „Osten"

maṭliʿ/maṭlaʿ eigtl. „(Sonnen-)Aufgang"

ḍaḥḥ/ḍiḥḥ „Sonnenlicht/seite", zu *Ḍ Ḥ – y* erweitert in *ḍāhi*ⁿ und *ḍāḥyān*ᵘⁿ „der Sonne ausgesetzt, Sonnenseite"

ḍāḥiya f. „regio soli exposita, aperta"

(arḍ) maḍḥāt f. „terra semper soli exposita".

Es gibt einen

ON *Samat Qiblī* in Ǧabla – Laḏaqīya: „Südseite"?

Für Schattenseite bietet sich

ẓalīl „(dauer-)schattiger Ort" zu semit *ẓill-* „Schatten" *(Ẓ L)* (s. oben p. 68), auch *muẓallal*

mafyaʾa f. und *mafyuʾa* f. „locus, ubi est umbra sole lucente" bzw. „locus, ad quem solis radii non pertingunt" zu *faiʾ* „Schatten"

maqmaʾa f. und *maqmūʾa* f. „Stelle, die die Sonne nicht erleuchtet" zu *qamʾa* f. „Schattenort"

maqnaʾa f. und *maqnuʾa* f. „locus minime apricus, quem sol non illustrat" (Freytag Wb.).

In der Berber-Sprache der Kabylen heißt der

Sonnenhang *asammer,* f. *tasammert,* der

Nordhang *amalu,* pl. *imula.*

Mit ON-Beispielen A. Pellegrin, Les Noms de lieux d'Algérie et de Tunisie (Tunis 1949).

Greifen wir zeitlich weiter zurück, so sollte das Aramäische auch Beispiele liefern. Ich finde aber nur im Syrischen

nuhrā „Licht" mit *nahhūrā* „strahlend" und demgegenüber

ṭelālā „Schatten" semit. *ẓill-*

ʿamṭānā „Schatten" mit *ʿamṭānāyā* „schattig" und *ʿammūṭā* „dunkel": semit. *ʿ M – ṭ zu* aramT. *ʿamyā* „Dunkelheit", arab. *aʿmạ̄* „blind", hebr. *ʿāmam* „dunkeln" *(ʿ M – y)*.

Kenner werden da vielleicht weiter kommen.

Im Alten Testament gibt es

ṣəḥīḥ „sonnenbeschienen" zu semit. *Ḍ Ḥ* und *Ḍ Ḥ-y* im Arabischen (s. oben *ḍaḥḥ, ḍāḥiya* f. p. 72)

und zu semit. *ẓill-* „Schatten", erweitert *Ẓ L – m* (arab. *ẓulma* f. „Finsternis"), den

BN *Ṣalmōn* (2x) sowie den

FlurN *Ṣalmōnā*ʰ, einen offenbar schattigen Lagerplatz in der Wüste.

Der Talmud bietet

hebrT. *muḏrām* „nach Süden *(dārōm)* gelegen, der Sonne ausgesetzt" (Dalman Wb.).

Unsere Aufmerksamkeit sei endlich noch auf den alten Landesnamen von Syrien gerichtet, nämlich

LN *Śamʾal* (keilschriftlich, altaramäische Inschriften). In persischen Wörterbüchern erscheint das als *samʾal* (mit *s* !) in der Bedeutung „Schatten" (= *sāye*) und als von arabischer Herkunft. *Śamʾal* ist bei der herkömmlichen Ostorientierung das „linke" und damit das „Nordland", heute *aš-Šaʾm/Šām* „Syrien". Wz. *ś ʾ m* bzw. erweitert *ś m ʾ – l:* akkad. *šumēlum* „links", hebr. *śəmōl* (geschr. *ś m ʾ l)* „links" → Nord(seite)", arab. *ša/imāl* „linke Seite" → „Norden", arab. *šuʾm* „Unheil". Vgl. Vf., Demawend II p. 187. Zu beachten: die Metathese.

Namenkunde liegt in Semitistik und Islamforschung auf weiten Strecken noch sehr im Argen. Aus der Literatur immerhin Stephan Wild, Libanesische Ortsnamen. Typologie und Deutung. (Wiesbaden 1973). Vordem Wilhelm Borée, Die alten Ortsnamen Palästinas (Leipzig 1930).

Wie verwickelt gerade auf dem Gebiet der Himmelsrichtungen, die die geographische Lage bestimmen, die Dinge in der Sprachwissenschaft liegen, zeigt eine Betrachtung der weithin dem Germanischen entnommenen Wörter *Norden* und *Süden.*

Für *Süd(en)* gibt es drei einigermaßen einleuchtende Ableitungen, von denen die Ableitung aus dem Sonnen-Wort (idg. *swel/swen-*) eine Parallele in türk. *güney* „Süden" aus *gün* „Sonne" hätte (oben p. 37ff).

Für *Nord(en)* denkt man an „unten" (wiewohl wir doch gerade vom „hohen Norden" sprechen!): νέρτερος armen. *nerkʿin* „unterer", doch auch an „links" (Ostorientierung, s. soeben). Aber Norden ← oben in mpT. *aβaraγ* „nördlich, Norden" (MirMan I), abgeleitet von *aβar (upari)* „hinauf, oben".

Vgl. Friedrich Kluge, Etymologisches Wörterbuch der deutschen Sprache (ab 17. Auflage 1957 bearbeitet von Walther Mitzka) s. vv.; Julius Pokorny, Indogermanisches etymologisches Wörterbuch I (1959) pp. 765f., 881f.

Das mag manche auch von uns versuchte Ansätze verständlich machen und, soweit notwendig, entschuldigen.

Weiter ausgreifend wäre noch für uns wichtig der Himalaya mit seiner arischen und nichtarischen Terminologie und Toponymie. Aber das soll dann wohl doch der zuständigen Forschung, vor allem der Indologie, überlassen bleiben.

Herrn Kollegen Hans Steininger in Würzburg verdanke ich folgende sinologische Belehrung, mit der ich schließen möchte. Sie zeigt, was schon eingangs zum Ausdruck gebracht wurde (p. 34ff.), daß die Süd- und Nordhanglage im Gebirge die ihr zukommende Bedeutung auch, wie zu erwarten, in der Nomenklatur wie in der Toponymie Ostasiens erweist.

Chines. *yang* ist die „Sonnenseite"
z. B. im ON *Lo-yang* „Sonnenhang im *Lo*-Flußtal"; *yin* ist der „Schattenhang"
z. B. im BN *Yin-shang* als „Nordhang-Gebirge".

Dazu noch folgende aufschlußreiche Ausführungen Steiningers in der Festschrift für Rudolf Zocke „Tradition und Kritik" zum 80. Geburtstag (1967) p. 254:

„Das Schriftzeichen für *Yin* bezeichnet vor allem die Schattenseite des Geländes, die Nordseite der Berge und die Südseite der Täler. Bei dieser Deutung ist u. a. zu berücksichtigen, daß die meisten Flüsse in China – weite Strecken von Bergen begleitet – im Allgemeinen von Westen nach Osten fließen. Das Zeichen für *Yang* andererseits meint die Südseite der Berge und die Nordseite der Täler. *Yin* ist weiterhin das

Dunkle, Feuchte, Tiefe, das Konkave, Empfangende, Weibliche, Passive und Negative; *Yang* dagegen steht für das Strahlige, Helle, Hohe, Konvexe, das Produktive, Männliche, Aktive und Positive."

Es ist mithin ein allgemein-menschliches Phänomen, das wir mit der vorstehenden Untersuchung der vorderasiatischen und insbesondere der iranischen Toponymie angerührt haben. Mögen unsere Beispiele Ergänzung, weitere Klärung und, soweit geboten, Berichtigung erfahren.

Nachträge

Zu p. 21:

Diesem arabischen *ʿurūǧ* entspricht bei den Türken *yokuş* „Steigung, Anhöhe, steiler Weg“ in den Ortsnamen (ON ← PassN)

Kara yokuş (Afyon) und

Yokuşlu (Çoruh); s. Köylerimiz.

Auf persischem Gebiet in Aserbeidschan verzeichnen wir den

PassN *Q̊iz̊il-Yoquš*, den „Roten Hang“ am Wege von Ardabīl nach Pardalīs (s. Minorsky I in EI[1] sub Tārom; Karte Täbrīz 1 : 1 Mill.) sowie den

PassN *Čardaq Yoqušu*, den „Steilanstieg zum Čardaq [Laube des Feldhüters]“ in Syrien (Zeitschr. d. Gesellsch. f. Erdkunde 29, 1894, p. 184 ff.).

Zu *yok/γ-* „steigen“ gehört mit Räsänen Wb. p. 205b osm. *yukar̊i*, distinktiv in Ortsnamen „Ober/Hohen-....“ als Oppositum zu *aşağ̊i* „Unter/Nieder-....“.

Weiter zu den Treppennamen (p. 18 f.)

ON *Pale-bīd* kurdisches Hangdorf an der Straße von Pul-i-Ẕuhāb (FǦ 5). BN *Pale-gawre* in Irakisch-Kurdistan.

Im Verdachte, das Element *palak* „Treppe“ zu enthalten, stehen die hochgelegenen Kurden- und Lurendörfer *Palk, Palkāne* (2 ×), *Palk-šabāb, Palk-Lak(k)hā* in FǦ 5. Doch kommen auch andere Deutungen in Frage.

Zu p. 22 f. evtl.

ON *Tang-zīn* Dörflein an Saumpfad in Kerman (Diraχtangān FǦ 8).

Zu p. 25 *bast* „Pass“:

ON *Best* ein hochgelegenes Kurdendorf (Sanandağ FǦ 5).

Zum Hindukusch-Namen *Gāvˈkuš* p. 29:

ON *Gôukushäk* in Fārs, erweitert um *-ak*. Dazu Oskar Mann in KPF I p. XXXII f.: „G. liegt am Fuß des Käl-e-dirbäk, eines Passes, der von Däsht-e-ärzhän aus in zunächst nordwestlicher, dann westlicher Richtung über die das Däsht-e-bärm nordöstlich begrenzende Synklineale hinüberführt.“

Zu p. 65 f.:

Anders H. W. Bailey, Nasā und Fasā, in: Acta Iranica 6 (1975) p. 309 f.

Zu p. 67:

„Schattenseite“ dürfte auch im ON *Čāχāˈnesar* in Lāhīǧān stecken (Siyāhkalˈrūd – Rūdsar FǦ 2).

Einige Abkürzungen

a) Literatur

Abajew Wb. = V. I. Abaev, Istoriko-ētimologičeskij slovar' osetinskogo jazyka. I (A–K'). Moskva–Leningrad. Akademii Nauk. 1958, II (L–R) 1973. III (S–Tˁ) 1979

Afγān Qāmūs = Qāmūs-i-ǧuγrāfiyāʾī-i-Afγānistān. Kābul. I: 1335/1956. III: 1336/1957

AirWb. = Christian Bartholomae, Altiranisches Wörterbuch. Straßburg 1904 (Neudruck Berlin 1961)

AMI = Archaeologische Mitteilungen aus Iran. Berlin 1929 ff. Neue Folge Berlin 1968 ff.

Andreas = Dialektaufzeichnungen aus dem Nachlaß von F. C. Andreas, herausgegeben von Arthur Christensen. Teil I mit den NW-Dialekten bearbeitet von Arthur Christensen, Teil II mit den kurdischen Dialekten bearbeitet von Kaj Barr (= Abhandlungen der Gesellschaft der Wissenschaften zu Göttingen 1939)

Asadi Wb. = Luγat-i-Furs. Das bekannte alte Wörterbuch des Abū Manṣūr ˁAlī b. Aḥmad Asadī-i-Ṭūsī. Teheraner Typendruck hrsg. v. ˁAbbās-i-Iqbāl 1319/1940

Asāmī[2] = Kitāb-i-ǧuγrāfiyā va-asāmī-i-dihāt-i-kišvar. Hrsg. v. Idāre-i-āmār va-sar'šumārī. 3 Bde. Teheran 1329–1331/1950–1952

Bach II = Adolf Bach, Deutsche Namenkunde. Die Ortsnamen in Bd. $II_{1/2}$ (1953/54)

Bahman-i-Karīmī = Ǧuγrāfī-i-mufaṣṣal-i-tārīχī-i-γarb-i-Īrān. Teheraner Typendruck v. 1316/1937

Bal. Gaz. = Baluchistan District Gazetteer Series. Bombay. VI (1907) Sarāvdān. VI A Kacchi. VIB Ǧhalāwān

Barbier de Meynard = Dictionnaire géographique, historique et littéraire de la Perse .... extrait du Moˁdjem El-Bouldan de Yaqout et complété à lʾaide de documents arabes et persans. Paris 1861

Belot Wb. = J. B. Belot, Vocabulaire Arabe-Français à lʾusage des étudiants. Beyrouth 1898 (mehrere Ausgaben)

Bobek, Taχt-i-Sulaimān = Hans Bobek, Die Takhte-e Sulaimāngruppe im mittleren Alburzgebirge, Nordiran. In: Festschrift zur Hundertjahrfeier der Geographischen Gesellschaft in Wien 1856–1956 (Wien 1957) pp. 235–264 nebst Karte und 8 Photos

Bobek, Teheran = Hans Bobek, Teheran. In: Geographische Forschungen. Festschrift zum 60. Geburtstag von Hans Kinzl (= Schlern-Schriften 190: Innsbruck 1958) pp. 5–24

Bogdanov = L. Bogdanov, Stray Notes on Kabuli Persian. In: Journal and Proceedings of the Asiatic Society of Bengal, NS 26 (1930) pp. 1–25

Bonacker = Wilhelm Bonacker. Kartenwörterbuch. Berlin 1941. [Auf pp. 259–268 die türkischen Namen bearbeitet von G. Jäschke.]

BQ = Burhān-i-Qāṭiʿ. Ed. Muḥammad Muʿīn. Teheran 1330 ff./1951 ff.

Brockelmann, Osttürkische Grammatik = Carl Brockelmann, Osttürkische Grammatik der islamischen Literatursprachen Mittelasiens. 1954

BSOAS bzw. BSOS = Bulletin of the School of Oriental (and African) Studies. London 1917 ff.

CAA = Sven Hedin, Central Asia Atlas. Memoir on Maps II: Index of Geographical Names by D. M. Farquhar, G. Jarring and E. Norin. Stockholm 1967

Chromov, A. L., K voprosy o toponimike matki. In: Isvestija otdelenija obščestvennych nauk Akademii Nauk Tadžikskoj SSSR 1 (32). Dušanbe 1963, pp. 76–82

ders., Jagnobskie archaizmy v toponimičeskich nazvanijach. In: Iranskoe jazykoznanie [FS für Abaev]. Akademija Nauk SSSR. Moskva 1976, pp. 160–167

ders., Sostojanie i zadači toponimičeskich issledovanij v Tadžikistane. In: Voprosy jazykoznanija. Akademija Nauk SSSR. Moskva 1977, 4, pp. 125–130

ders. Tadžikskaja mikrotoponimija dolin Verchnego, Zeravšana i Jagnoba. In: Onomastika Srednej Azii. Akademija Nauk SSSR, Moskva 1978, pp. 58–62

Curzon I/II = George N. Curzon, Persia and the Persian Question. 2 Vols. 1892

Dalman Wb. = Gustaf H. Dalman, Aramäisch-Neuhebräisches Wörterbuch. Frankfurt/Main 1901

Demawend I = Wilhelm Eilers, Der Name Demawend. In: Archiv Orientální 22 (1954) pp. 267–374

Demawend II = ders. ibid. 24 (1956) pp. 183–224

Demawend III = ders. ibid. 37 (1969) pp. 416–448

Doerfer I–IV = Gerhard Doerfer, Türkische und mongolische Elemente

im Neupersischen. 4 Bde. Wiesbaden 1963–1975 [Bd. I enthält die mongolischen Wörter]
Duda, Ibn Bibi = Herbert W. Duda, Die Seltschukengeschichte des Ibn Bībī. Kopenhagen 1959
Edmonds, Kurds = C. J. Edmonds, Kurds, Turks and Arabs. London 1957
EI[1] = Enzyklopädie des Islam. 1. Auflage. 5 Bde. Leiden. Leipzig 1913–1938
FĞ = Farhang-i-ğuγrāfiyāʾī-i-Īrān. 10 Bde. Teheran 1328–1332/1940–1953
Farhang-i-Mardūχ = Mohamed Merdux Kordestani, Kitêb-ê Ferheng-ê Merdûx. Lithographie. Teheran 1957
Freytag = G. W. Freytagii Lexicon Arabico-Latinum. 4 Bde. Halle 1830–1837
Gabain, Alttürk. Gramm. = Annemarie von Gabain, Alttürkische Grammatik. (= Porta Linguarum Orientalium 15: 1974)
Gabriel, Einsamk. = Alfons Gabriel, Aus den Einsamkeiten Irans. Stuttgart 1939
Gabriel, Weltf. = Alfons Gabriel, Im weltfernen Orient. München und Berlin 1929
Garegin Wb. = Bar̄aran parskerēn-hayerēn. [Persisch-Armenisches Wörterbuch.] Teheran 1933
Geogr. Nameng. = Wilhelm Eilers, Geographische Namengebung in und um Iran. Ein Überblick in Beispielen. (= Sitzungsberichte der Bayerischen Akademie der Wissenschaften, Philosophisch-historische Klasse 1982, 5)
Gilbertson, Dict. = G. W. Gilbertson. English-Balochi Colloquial Dictionary. Hertford 1925
Gilbertson, Gramm. = G. W. Gilbertson, The Balochi Language. A Grammar and Manual. Hertford 1923
GIrPh = W. Geiger und E. Kuhn, Grundriß der iranischen Philologie. 2 Bde. Straßburg 1895–1904 [Anhang s. Miller, Osset.]
GrNafīsī = ʿAlī-Akbar Nafīsī, Farnūdsār yā Farhang-i-Nafīsī. 5 Bde. Teheran 1317–1334/1938–1955
Ğuγr. s. Bahman-i-Karīmī
Gulrīz, Mīnūdar = Muḥammad-ʿAlī Gulrīz, Mīnūdar yā Bābuʾlğanna: Qazvīn. Tihrān 1958
Hahn = C. v. Hahn, Erster Versuch einer Erklärung kaukasischer geographischer Namen. Stuttgart 1910
Haïm = Soleyman Haïm, New-Persian-English Dictionary. 2 Bde. Teheran 1312–1314/1934–1936

Haltod-Heissig = Magadbürin Haltod und Walther Heissig, Mongolische Ortsnamen. Teil I (= Verzeichnis der Orientalischen Handschriften in Deutschland, Supplementband 5, 1: 1966)

Handbook of Mesopotamia = A Handbook of Mesopotamia I–III. London 1917–18

Ḥaṣūrī = ʿAlī Ḥaṣūrī, Guzāriš-i-gūyiš-i-lurī. 1342/1963

Hedin CAA = Sven Hedin, Central Asia Atlas. Daselbst: Index of Geographical Names by D. M. Farquhar, G. Jarring and E. Norin. Memoir on Maps II. Stockholm 1967

Hedin, Central Asia II = Sven Hedin, Scientific Results of a Journey in Central Asia 1899–1902. 8 Vols. 1904–1907

Hedin, Diss. = Sven Hedin, Der Demawend nach eigener Beobachtung. (Dissertation). Halle 1892

Hedin, Ostpersien = Sven Hedin, Eine Routenaufnahme durch Ostpersien. I: 1918, II [Zetterstéen]: 1927

Hedin, Zu Land = Sven Hedin, Zu Land nach Indien. 3. Aufl. 2 Bde. Leipzig 1922

Henning, Mitteliranisch = W. B. Henning, Mitteliranisch. In: B. Spuler, Handbuch der Orientalistik Abt. I Bd. IV 1 (1958)

Herawi = mündliche Auskunft durch Herrn Radjabali Herawi, Lektor für Persisch an der Julius-Maximilians-Universität zu Würzburg

Herzfeld, Luristan = Ernst Herzfeld, Eine Reise durch Lūristān, Arabistān und Fārs. In: Petermanns Geographische Mitteilungen 1907, Heft 3 und 4

Herzfeld, Paikuli = Ernst Herzfeld, Monument and Inscriptions of the Early History of the Sasanian Empire. Leiden, Berlin 1924 (= Forschungen zur Islamischen Kunst 3)

Heuser-Şevket = Türkisch-Deutsches Wörterbuch. 6. Aufl. Wiesbaden 1967

Hübschmann, ON = Heinrich Hübschmann, Die altarmenischen Ortsnamen. In: IF 16 (1904) pp. 197–490

HvM = Hunar va-Mardum. Teheran

Ibn Baṭṭūṭa (703–779 = 1304–1377) = ders., Tuḥfat an-nuẓẓār fī ġarāʾib al-amṣār wa-ʿağāʾib al-asfār. Ed. Defrémery-Sanguinetti. 4 Bde. Paris 1853–1858. Vereinfacht in deutscher Übersetzung neu herausgegeben von Hans D. Leicht in der Wissenschaftlichen Buchgesellschaft. Darmstadt 1985

Ibn Ḥauqal = Opus Geographicum auctore Ibn Ḥauqal . . . Liber Imaginis Terrae. Ed. J. H. Kramers. Leiden 1938–1939

IF = Indogermanische Forschungen. Straßburg, Berlin, Leipzig

IIFL = Georg Morgenstierne, Indo-Iranian Frontier Languages. I: 1929. II: 1939

Iran. Lehngut = Wilhelm Eilers, Iranisches Lehngut im Arabischen. In: Actas do IV Congreso de estudos árabes e islâmicos, Coïmbra Lisboa 1968 (1971)

Iṣṭaḫrī = Ibrāhīm b. Muḥammed al-Iṣṭaḫrī, Kitāb Masālik al-mamālik. (= Bibliotheca Geographorum Arabicorum ed. M. J. de Goeje. Leiden Vol. I: 1870) [Verfaßt i. J. 340/951]

I̊zbı̊rak = Reşat Izbırak, Coğrafya terimleri sözlüğü. Ankara 1964

JA = Journal Asiatique. Paris

Jaba-Justi = Dictionnaire kurde-français par Auguste Jaba. Veröffentlicht von Ferdinand Justi in St. Petersburg 1879

Junker, Yaghnobī I = Heinrich F. J. Junker, Yaghnōbī-Studien I. Leipzig 1930 (Sächs. Akademie)

Junker-Alavi = H. F. J. Junker und B. Alavi, Persisch-Deutsches Wörterbuch. Leipzig 1965

Justi = Ferdinand Justi, Geschichte des alten Persiens. Berlin 1879 (= W. Oncken, Allgemeine Geschichte in Einzeldarstellungen, Teil 4)

Karīmī, Ǧuγr. s. Bahman-i-Karīmī

Kent, OldPersian = R. G. Kent, Old Persian. New Haven 1950 (= American Oriental Series 33)

Köylerimiz = Köylerimiz, Köy kanunu tatbik olunan ve olunmayan köy isimlerini alfabe sırasile gösterir. 1. Aufl. 1928 İstanbul, letzte (?) Aufl. Ankara 1968. Zitiert nach der 2. Aufl. İstanbul 1933

KPF = Oskar Mann, Kurdisch-Persische Forschungen. Berlin
I: Die Tâjik-Mundarten der Provinz Fârs. 1909
II: Die Mundarten der Lur-Stämme im südwestlichen Persien. 1910
III/II: Karl Hadank, Mundarten der Gûrân. 1930
IV/III: Oskar Mann, Die Mundart der Mukrî-Kurden. 1. Grammatische Skizze, Texte: 1906, 2. Deutsche Übersetzung. 1909

KT = H. W. Bailey, Khotanese Texts. Cambridge

I: 1945.	IV (= Indo-Scythian Studies): 1961.
II: 1953.	V: 1963.
III: 1956.	VI: 1967.

Kurd. *būz* = Wilhelm Eilers and Manfred Mayrhofer, Kurd. *būz* und die indogermanische Buchensippe. In: Mitteilungen der Anthropologischen Gesellschaft in Wien 92 (1962) pp. 61–92

Lambton, Three Dialects = Ann K. S. Lambton, Three Persian Dialects. London 1938 (The Royal Asiatic Society)

LeStrange = G. LeStrange, The Lands of the Eastern Caliphate. Cambridge 1905

Lorimer, Phonol. = D. L. R. Lorimer, The Phonology of the Bakhtiari, Badakhshani and Madaglashti Dialects of Modern Persian with Vocabularies. London 1922

Lorimer, Waziri = J. G. Lorimer, Grammar and Vocabulary of Waziri Pashto. Calcutta 1902

MacKenzie, Awr. = D. N. MacKenzie, The Dialect of Awroman (Hewrāmān-i-Luhōn). Kopenhagen 1966

Makā = Wilhelm Eilers, Das Volk der Makā vor und nach den Achämeniden. In: AMI Ergänzungsband 10 (1983) pp. 101–119

Map Curzon s. Curzon I/II

Markwart, Kaukasus = Josef Markwart, Woher stammt der Name Kaukasus? In: Caucasica 6 (1930) pp. 25–69

Markwart, Wehrot = Josef Markwart, Wehrot und Arang. Hrsg. v. H. H. Schaeder. Leiden 1938

Mayrhofer Wb. = Manfred Mayrhofer, Kurzgefaßtes altindisches etymologisches Wörterbuch. Bd. I–IV. Heidelberg 1956–1980

Miller. Osset. = Wsewolod Miller, Die Sprache der Osseten. In: GIrPh I Anhang. Straßburg 1903

Minorsky, Ḥudūd = V. Minorsky, Ḥudūd al-ʿālam. The Regions of the World. A Persian Geography . . . . translated and explained. London 1937 (= Gibb Memorial New Series 11)

MirMan I = Mitteliranische Manichaica aus Chinesisch-Turkestan. Aus dem Nachlaß von F. C. Andreas hrsg. v. Walter Henning. Bd. I: 1932

Monchi-Zadeh, Zarēr = Davoud Monchi-Zadeh, Die Geschichte Zarērʾs. Uppsala 1981

Morgenstierne, Pashto = Georg Morgenstierne, An Etymological Vocabulary of Pashto. Oslo 1927

MSS = Münchener Studien zur Sprachwissenschaft. München 1952 ff.

Mukri, Gūrānī = Muḥammad-i-Mukrī, Gūrānī yā tarānahā-i-kurdī. Teheran 1329/1950

Mustaufī, Nuzhat = Ḥamdullāh Mustaufī Qazvīnī, The Geographical Part of the Nuzhat al-qulūb. Ed. by G. LeStrange. Leiden and London 1915 (= GibbMemorial Series 23)

Mustaufī, Tārīχ-i-guzīde. Verfaßt von Ḥamdullāh Mustaufī Qazvīnī i. J. 730/1329.

Nöldeke, Ṭabarī = Theodor Nöldeke, Geschichte der Perser und Araber zur Zeit der Sasaniden. Aus der arabischen Chronik des Ṭabarī übersetzt und mit Erläuterungen versehen. Leiden 1879 (Nachdruck 1973)

NpEt = Paul Horn, Grundriß der neupersischen Etymologie. Straßburg 1893

Nyberg, Kalender = H. S. Nyberg, Texte zum masdayasnischen Kalender. Uppsala 1934

Pape-Benseler, Wb. d. gr. EN = W. Pape, Wörterbuch der griechischen Eigennamen. 3. Aufl. neubearbeitet von G. E. Benseler. 2 Bde. Braunschweig 1875. Nachdruck der Ausgabe von 1911: Braunschweig 1959

Pletersnik = Maks Pleteršnik, Slovensko-nemški slovar. Ljubljana 1894. 2 Bde.

Pok. = Julius Pokorny, Indogermanisches etymologisches Wörterbuch. 2 Bde. Bern und München 1959–1969

Poppe, Written Mong. = Nikolaus Poppe, Grammar of Written Mongolian. 1954 (= Porta Linguarum Orientalium NS 1)

Radloff = Wilhelm Radloff, Versuch eines Wörterbuches der Türk-Dialekte. 5 Bde. St. Petersburg 1893–1911. Neudruck 1960–1972.

Ramstedt = G. J. Ramstedt, Margine Notes on Pashto Etymologie (= StO 17,5: 1952)

Räsänen Wb. = Martti Räsänen, Versuch eines etymologischen Wörterbuches der Türksprachen. Helsinki 1969

Routes in Persia. Corr. 4th Ser. Simla 1914

Salemann-Shukovski = Carl Salemann und Valentin Shukovski, Persische Grammatik mit Literatur, Chrestomathie und Glossar. 4. unveränderte Aufl. Leipzig 1947

Schmidt, Flights = Erich F. Schmidt, Flights over Ancient Cities of Iran. Chicago 1940

Schwarz = Paul Schwarz, Iran im Mittelalter nach den arabischen Geographen. 9 Teile: 1910–1936

Spiegel I–III = Friedrich Spiegel, Êrânische Alterthumskunde. 3 Bde. Leipzig 1871–1878

Stark = Freya Stark, The Valleys of the Assassins. London. Ed. of 1937 bzw. 1949

Stein, Innermost Asia = Aurel Stein, Innermost Asia. 4 Vols. Oxford 1928

Stein, Old Routes = Aurel Stein, Old Routes of Western Iran. Nachdruck New York 1969

Stein, Alexander's Track = Aurel Stein, On Alexander's Track to the Indus. London 1929. Nachdruck New York 1972

Stein, Rāğataraṅginī = Aurel Stein, Rajataranginī. A Chronicle of the Kings of Kašmir. Delhi 1961

Stein, Reconnaissances = Aurel Stein, Archaeological Reconnaissances in North-Western India and South-Eastern Īrān. London 1937

Steing. = F. Steingass, A Comprehensive Persian-English Dictionary. London 1892. Zahlreiche Nachdrucke

StO = Studia Orientalia. Helsinki

Sykes, Afghanisṭan = Percy Sykes, History of Afghanistan. 2 Bde. 1940

Sykes, Ten Thousand = Percy Sykes, Ten Thousand Miles in Persia. 2nd. ed. London 1902

Taeschner, Wegenetz = Franz Taeschner, Das anatolische Wegenetz nach osmanischen Quellen. I: 1924; II: 1926. (= Türkische Bibliothek 22 und 23)

Tārīχ-i-Qum = Kitāb-i-Tārīχ-i-Qum, taʾlīf-i-Ḥasan b. Muḥammad b. Ḥasan-i-Qumī dar sāl-i-378q. bi-ʿarabī, tarğume-i-Ḥasan b. ʿAlī b. Ḥasan b. ʿAbdulmalik-i-Qumī bi-fārsī dar sāl-i-805-806 q. Hrsg. v. Sayyid Ğalāluddīn-i-Ṭihrānī. Teheraner Typendruck v. 1353/1934

Tomaschek, Hist. Geogr. = W. Tomaschek, Zur historischen Topographie von Persien. 2 Teile. Wien 1883–1885

Topon. Übertr. = Wilhelm Eilers, Einige Prinzipien toponymischer Übertragung. In: Onoma 21 (1977) pp. 277–317

TPS = Transactions of the Philological Society. London Ṭūsī s. Asadī Wb.

Vambéry, Etym. Wb. = A. Vambéry, Etymologisches Wörterbuch der turko-tatarischen Sprachen. 1878

Vgld.-semas. Meth. = Wilhelm Eilers, Die vergleichend-semasiologische Methode in der Orientalistik. (= Mainzer Akademie der Wissenschaften und der Literatur, Geisteswissenschaftl. Kl. 1973, 10: 1974)

Vom Reisehut = Wilhelm Eilers, Vom Reisehut zur Kaiserkrone. Das Wortfeld. In: AMI NF 10 (1977) pp. 153–168

Vullers = J. A. Vullers, Lexicon Persico-Latinum Etymologicum. 2 Teile. Bonn 1855–1867

Wahby-Edmonds = T. Wahby and C. J. Edmonds, A Kurdish-English Dictionary. Oxford. 1966

Weygandt = Helmut Weygandt, Kartographische Ortsnamenkunde. 1955

WIrM I–III = Westiranische Mundarten aus der Sammlung Wilhelm Eilers.

I: Die Mundart von Chunsar. Hrsg. v. W. Eilers unter Mitarbeit von U. Schapka. Wiesbaden 1976

II: Die Mundart von Gäz. [wie oben] 1979

III. Die Mundart von Sīvänd. Hrsg. v. W. Eilers 1987

WZKM = Wiener Zeitschrift für die Kunde des Morgenlandes. Wien 1887ff.

Yāqūt = Yāqūt b. ʿAbdallāh, Kitāb Muʿǧam al-buldān (Geographisches Wörterbuch.) Ed. F. Wüstenfeld. 6 Bde. Leipzig 1866–1873. Benutzt wurde der Beiruter Druck I (1955) – V (1957).

ZA = Zeitschrift für Assyriologie. Leipzig, Berlin 1886ff.

Zinsli = Paul Zinsli, Grund und Grat (Züricher Dissertation 1937). Bern 1945

ZMirM = Christian Bartholomae, Zur Kenntnis der mitteliranischen Mundarten. 6 Teile. In: Sitzungsberichte der Heidelberger Akademie der Wissenschaften, Phil.-hist. Kl. 1916–1925

b) Sonstiges

afgh. = afghanisch
ai. = altindisch
air. = altiranisch
ap. = altpersisch
arab. = arabisch
aserb. = aserbeidschanisch
AT = Altes Testament
av. = avestisch
bacht., baχt. = bachtiarisch
Bdh. = Bundehesch, Bundahišn
bel. = belutschisch
Bis. = Bīsutun, Behistān (große Dareios-Inschrift)
BN = Berg/Gebirgsname
dial. = dialektisch
dt. = deutsch
elam. = elamisch
FamN = Familienname
Gelb. = Gelbāγī
gīl. = Gīlakī
hebrT. = talmudhebräisch
idg. = indogermanisch
iran. = iranisch
Isf. = Iṣfahānī
kirg. = kirgisisch

kurd. = kurdisch
LN = Landes/Landschaftsname
lur. = lurisch
Lwt. = Lehnwort
mong. = mongolisch
mp. = mittelpersisch
mpT = Mittelpersisch der Turfantexte
ngr. = neugriechisch
nöstl. = nordöstlich
np. = neupersisch
NW = Nordwest (dialekt)
nwestl. = nordwestlich
ON = Ortsname (Stadt, Dorf, Weiler)
PflN = Pflanzenname
osm. = osmanisch-türkisch
PN = Personenname
ps.-arab. = pseudoarabisch
pš. = Paschto
R̥V = Rigveda
Sh. = sheet
södstl. = südöstlich
StN = Stammes/Volksname
s. v. = sub verbo, svv. = sub verbis
swestl. = südwestlich
Vd. = Vendidad, Vidēvdād
Wb. = Wörterbuch, Wbb. = Wörterbücher
Wz. = Wurzel
yaγn. = yaγnōbī
Yt. = Yašt

> und < Lautwandel
→ und ← Bedeutungswandel

Stichwortregister

Gäz(ī) 25, 26, 48, 51
Gebetsrichtung 47, 57f.
Geier 26, 27
Gelbāγī 27, 46 Anm. 21, 61
Georgier, georgisch 42f.
Gesicht s. Antlitz
Gespenst 30
Ghat 22
Gīlakī 51
Gipfel 26, 72
Glanz 46, 66
Gobryas 49
Greisin 31
Grenze 16
Gūrān(ī) 16, 17, 43
Gurgel 11
Hades 54
Halde 34, 36
Hals 11ff., 14, 16, 18
Halsband 14
Halsberge 12
Halswirbel 14
Hand→Seite, Richtung 45 Anm. 15, 54, 66
Hang s. Abhang
Hangdorf 61, 68
hangend 19
Hanglage *(dāmane)* 39, 54, 55, 59, 68 u. ö.
Heliotrop 48
Herbst 40
Herodot 69
Himālaya 43, 74
Himmelsrichtung 73
Hindukusch 8, 10, 13, 23, 29ff., 43, 64
hinter 41
Hochterrasse *(bān)* 17
Höhe 27
Höhle 12, 25, 54, 62
Hohlstelle, Hölle 12, 53
Hufeisen 28, 30
Ibex 17
Isfahan, isfahanisch 13, 21, 23, 51, 53, 58, passim
Isidori Mansiones Parthicae 70
Iṣṭaḫrī 66
Joch 23
Judenpersisch 53
Judenpfad 10
Kabul 63f.
kahl 18
kalt, Kälte 31, 50, 51, 53
Kamel 30
Kamelhals 11, 15
Karawane 17, 28, 30
Karawanserai 10, 28
Kaukasus 23, 42f., 48
Kehle 11f., 13
Kehre 10, 11
Kelischin-Paß 18
Kerbe 24
Kere'ütü 42, 53
Khowar 54
Klemme (Klamm) 12
Kloster 11, 27, 38, 60
Kniebreche(r) 30
Kopf toponymisch passim; s. *săr*
Körperteilnamen 25; s. Fuß, Hals, Hand, Kehle, Kopf, Lende, Nacken, Rippe, Rücken,Schulter
Kragen 12, 14
Krim 21
Kurden 13, 14, 16f., 51, 52, 53, 62, 68 usw.
kurdisch 9, 13, 14, 18, 19, 43, 44, 52, 59, 67, 71 usw.
Kurdistan 14, 59 usw.
ladinisch 36
Läkken 15
Lamm 16, 29, 30
Lee 36
Lehne 20
lehnen 19
Leichenhexe 53f.
Leite 34
Leiter 18ff.
Lende 7
links 73, 74
Litzi 36
Lücke 24
Luren, lurisch, Luristan 13, 26, 28, 30, 43, 58, 59, 66, 68, 69
Lustorte 61
Mädchen 31
Mähne 12
Mannesnamen (mPN) 60
Medien, medisch 14, 23, 49, 51, 70
Mekka 47, 57
Mittag 37, 41
Mittagskogel 47
Mongolen, mongolisch 29, 41f., 59
Mühle 67
Mustaufī 13, 21, 22, 24, 27
Mutter-Tochter-Paß 13, 31
Nacken 7, 11, 14, 16
Nagel 28

Grammatisches

Indogermanisch

Altindisch (und Dialekte)

svàrvant- 48
śai- 69
śrita- 20
úras- 47
ūrdhva- 19
(Sindhī) *ĉar̥nī* 20
(Hindī usw.) *ghāṭ* 22
(Čitral) *paχturi* 54
(Hindī) *sīr̥hī* 20

Altiranisch

apāχtara- 54
A^{i}ryānəm vaēǰō 50
Arkadriš 50
Arəzura- 12
aˈsaya, Aˈsaya- 48, 50, 51, 52, 53
Asnvant- 63
baχta- 24
°bara- 51, 57
dahyuš 69
daima(n)- 46
darənā- 7
dars- 50
didā- 70
dvar- 7
ərəziˈfya- 26
Ǝrəzura- 12
garō (f. pl.) 13
grīvā 7, 12
kahrkāsa- 26
χvan- 49
χvanvant- 48, 50, 52, 58
χvar- 50
Xvārizam- 50
χvāˈtačina- 20
marəza- 16
mərəzu- 14
**mr̥du-* 14
ni- 69
Nisāya- 52, 66, 69, 70, 71
panti- 9
Pārsa- 49
Parϑava- 49
pati, paiti 47, 49, 59
Patiˈgrabanā- 28
Pātiš^{h}uvariš 49
pərətō zəmō 50
pərətu- 19
raϑiya-, rāϑiya- 10
rauda- 46
Sikaya^{h}uvatiš 70
staχra- 26
staχta- 26
syāva- 52
**tačina-* 7, 19
Upairiˈsaēna- 26
upari, upairi 47, 74
Vaēkərəta- dužakō.sayana- 63
vāhara- 51
varah- 47
vartana- 7, 11, 12
vašana- 7, 12
vitar-, vitār- 8
yaka- 16
zəmō (Gen. v. *zyam-*) 50

Mitteliranisch (Buchpehlewi, Turfanpehlewi, Soghdisch)

aβar 47, 74
aβaraγ 74
apāχtar 54
Arzurˈgrīvak 12
bāmīk 66
-βar 62
dih-, diy- 52
dušˈsāyīk 63 f.
garūk, galōγ 13
grīv(ak) 12, 14
grīvˈpān 12, 14
-īf 51
-īh 51
-īk 51
Kōf-i-Arzur 12
χvarˈispēγ 48
nisāγ(ēn), nisāk 66, 71
nisāγēft 66
nišēp 51
palak 18
Patišχvārˈgar/kōf 49
pavāk 52

pardak, partak 19
partakān 19
puhl 19
pylg 18
rōč/ž 47
sāyak 51, 53
(soghd.) *sayāka-* 51
sēv 62
ul, ur 19
uzēn(ak) 19

Neuiranisch (Neupersisch und Dialekte)

āb „Glanz“ 46
-āb 13
-āβar 52
āb-i-pahn 19
(osset.) *äfčäg* 14
āftāb 46, 47, 53, 58, 59, 60
āftābe 59
āftābˈgardān 48, 60
āftābˈgīr 43, 51
āftābˈnagīr 44, 71
āftābˈrū(i) 43, 47, 48, 57
āftābˈruχ 45 Anm. 11
āftābˈzade 42
āhanˈgar 28
āluh 26, 27
āmūχt 27
(NW) *ār* 67
(kurd.) *āsinˈger* 28
arčīn 23
(osset.) *asin(ä)* 20
-āvar 53
āvīχte 19
āvīzān, āvīze 19
bāğˈdih 20, 28
bahār 51
bān „Dach“ 19
(kurd.) *bān* „Hochterrasse“ 11, 17
Bāne (ON) 60
band 25
ban(n) 25; s. *band*
bar 16, 47
-bar 53
-βar 51, 62
barˈāftāb 43, 47, 48, 58f.
(Zagros) *bard* 22
barˈnisār 44, 52
barre 16, 29, 30
barˈrūz 43, 47, 52, 59
bast 25, 77
batau 43, 47, 49, 50, 60
bāz 26
be- 59
(Gelb.) *ben-álo* 27
(kurd.) *berˈhetāw* 43, 47
(kurd.) *berī* 22, 28
(kurd.) *berˈχor* 43, 48, 52
(kurd.) *berōž(e)* 43, 47, 49, 59f.
(kurd) *berˈsēber* 44, 52, 53
bitau s. *batau*
(osset.) *cägat, cægat* 45, 53, 71
čāk 24
čakāδ 71
čatr 53
čenār 28
čīdan 20
(kurd.) *čift* 25
(Zagros) *čiγā, čiyā* 71
(kurd.) *čiwān* 25
dāl 26
dāmane 63, 67
dar „Tor“ 7, 65
-dar 10
dār 65
-dār 52
darˈband 9, 25
darre 7, 10
darrīdan 7
dast „Seite, Richtung“ 45 Anm. 15, 54, 66
dēm, dīm 39f., 46f., 48, 57
(osset.) *dimän* 71
duχtar 13, 31
dum 58
galū 12, 13, 24
(ostiran.) *gar, γar* 14
garāz 56f.
gardan(e) 7, 9, 11, 12, 15, 16
gardanˈgāh 11, 26
(yaγn.) *γarīw* 14
garīva s. *girīve*
garm 51, 57
(bel.) *gauk* 16
gelāl 63
(kurd.) *gelī* 13
(kurd.) *gerū* 13
gile 14
-gī(r) 26, 30, 51
girau 14
(kurd.) *girdī* 59

neser 45 Anm. 12a, 67
niγūl 20
nisā 44, 51, 52, 53
(Gäz) *nisāgī* 51
nisar, (kurd.) *nisār* 44, 51, 52, 53, 64
(Isf.) *nisarm* 53
(kurd.) *nisē* 44, 51
(kurd.) *nisirm* 44, 53
(afgh.) *nīsōr* 45, 52
nišbara 44, 51, 52
(kurd.) *nišē(w)* 44, 51
niˈšīb 51
nus/š 44, 51, 68
nusūm 45 Anm. 15, 51, 56, 57
(bel.) *padiānk* 20
pahn 8, 19
pā(i) 20, 23, 27
(pš.) *paiˈtāwī* 44
(Wazīrī) *paitōwai* 44, 47
pāk 52
(Khowar) *paχturi* 54
palak 19, 21, 77
pālān 15
(kurd.) *pāl(e)* 19, 77
palk 77
pallakān 19
palle 18f.
(Paračī) *pa(ra)ˈṭāf* 44
(pš.) *pārčang* 20
parčīn 20
parde 19
partˈgāh 19
paˈtau 47, 49, 50; s. *baˈtau*
(bel.) *paur̥(h)ī* 20
pāye 20. 23
pāy-i-.... „zu Füßen von ....“ 21, 27
pāy-i-āluh 27
pelle 21; s. *palle*
(bel.) *pēˈtāfa* 43, 47
pīč 10
pilk 19
pille 18; s. *palle*
(kurd.) *pird* 19; s. *purd*
pīr(e)ˈzan 31
pisar 31
(Waχī) *pitáo* 47
pul 19
(Sarikolī) *punuk* 9
(kurd.) *purd* 19
(bel.) *pursāng* 20
pušt(e) 7, 10, 25
-qand 24
qare s. türk. *q/kara* 100
qible 47, 57f.
qibleˈrū(i) 43, 45 Anm. 12, 57
rāh 10
rāhˈdār 10
(baχt.) *rāk* 10
(kurd., lur.) *rē* 9, 10
(zoroastr.) *rōčīnā* 23
rōi 48; s. *rū(i)*
rū (< *rūz)* 60
rū be-šimāl 45 Anm. 12
rū(i) 40, 46
rū(i) kardan 46
rūz 47, 60
rū(z)ˈgard, rūzˈgardak 60
(kurd.) *sā* 44, 61, 62, 63
sabuk 26
safīd 62, 71
(kurd.) *sāftau* 44, 53
(bel.) *sāh* 44, 64
(kurd.) *sahan(d)* 44, 52, 53, 62f.
(kurd.) *sāi* „Schatten“ 44, 52, 61
(kurd.) *sāī* „Apfel“ 62
sāiˈbān 50f.
(bel.) *sāig* 44, 51, 64
saχt(ī) 25f.
(Gäzī) *säχtūn* 25
(dial.) *salχ* 26
sang 13, 22
sar „Kopf“ → „oberhalb von ....“, „am Anfang/Ende von ....“ toponymisch passim (25, 61 usw.)
sa̮r 48
sarā(i) 28
sard 51, 53
sarmā 31, 53
(yaγn.) *sayār* 45, 52, 57, 62
sāye 44, 51, 52, 53, 61, 63
sāyeˈbān 50, 61
sāyeˈgāh 51
(kurd.) *seber* 46 Anm. 31
selχ 26; s. *salχ*
(kurd.) *sēwar* 44, 52, 53, 63
(afgh.) *sēwrai* 45
(Gelb.) *səhän* 46 Anm. 21
sī (s. *siyāh)* 25, 53, 62
sī (s. *sīyär)* 51
sīb 62
sīne 22
sīr 26
(kurd.) *sīwar* 63; s. *sēwar*
(afgh.) *sĭwarai* 45, 52, 53, 64
siyāh 11, 20, 25, 30, 53, 62
sīyär 51

(yaγn.) *sōi'rūi* 45
(afgh.) *sōrai* 45
sum 28
sunbīdan 28
(afgh.) *syōra(i)* 45, 52, 53, 64
šāhīn 26
(Iškāšmī) *šātu* 22
(afgh.) *ṣ̌əl*, (Wazīrī) *šəl* 20
šib 17
šikaft 25
-šikan 30
šutur'gardan 15
tāb 46, 47, 57
(bel.) *tāp'dēm* 43, 47, 60
tappe 72
tarīva 14
tašîr 53
tovīr 55 f.
tul 66
(NW) *určīn* 19 f., 23
uštur'mul 15
var 47
(kurd.) *wara'tāw* 43, 47, 48
(afgh.) *wat* 22, 24
yābū 69
yaχ'čāl 54
yaχī 54
zabar 26
(osset.) *zagat* 53 s. *cœgat*
-zan 30, 31
zard(e) 14, 20
zaryōn 66
zăv 24
zi'bar 26
zīn 15, 22, 77
zīne, (dial.) *zĭnīya*, *zīnūʾī* 19, 22, 28

Armenisch

areg(ak) 42
areg'dēm 42
arew 42
arewa'har, *arewa'hayeaç*, *arewi*, *arewot*, *arew'šat* 42
blur 42
cmak 42
dēm 42
haraw 42
hiusis 42
hovana'wor 42
hovani 42
nerkʿin 74
sar'pʿinay 42
sew 63
stuer 42
stuera'mac, *stuerašat*, *stuerot* 42
šukʿ 42

Griechisch

ἄγειν 57
ἀνήλιος 54
ἄορνος 27
αὐχήν (ngr. αὐχένας) 11
Βαγαρδα 63
ζυγός 23
κάρδακες (pl.) 18
κατα° 69
κεῖσθαι 69
κλῖμαξ 18, 20
λόφος 11
νέρτερος 74
Νησαία, Νησαῖα 65, 66
Νησαῖοι ἵπποι 69
Νησαῖον πεδίον 66
Νῆσις, Νησιῶτις 70
Νίσαια 70
Νῖσος 69
ὄμωμι 54
Παρθαυ'νισα 70
πεδίον 66, 69
σκιά, σκότος 53
στατήρ 26
στείχω 69
Χοράσμιοι, Χωράσμιοι 50
Χριστιανοί 37

Lateinisch

Romanische Sprachen

Deutsch

Englisch

Schwedisch

Slawisch

Semitische Sprachen (p. 72 f.)

QB 24
ś ʾ *m, śm* ʾ *-l* 73
ṮN – y 10
Ẓ L 72
ẓill- 68, 72, 73
Ẓ L – m 73

Akkadisch
kišādum 16
nārum 16
našrum 27
qinnum 27

Hebräisch
ʿāmam 73
dārōm 73
kéṯef har 25
maʿᵃlēʰ 18
maʿbārāʰ 8
(Talmud) *mudrām* 73
néqeḇ 24
sūlāmīṯ 18
śəmōl 73
ṣəḥīḥ 73

Aramäisch
(Talmud) *ʿamyā* 73
(syr.) *ʿammūṭā, ʿamṭānā, ʿamṭānāyā* 73
(syr.) *dairā* 60
(syr.) *gəlālā* 63
kōṯal (syr. *koṯlā*, Talmud *kuṯlā*) 9
(syr.) *nahhūrā, nuhrā* 73
(Talmud) *massəqānā* 18
(syr.) *nešrā* 27
(syr.) *qennā* 27
(Talmud) *sūlāmā, sullāmā* 18
(altaram.) *Śamʾal* (LN) 73
(syr.) *ṭelālā*, (Talmud) *ṭəlālā* 73

Arabisch
ʿaqaba 10, 24
ʿibrīq 59
ʿubūr 8
ʿurūǧ 21
aʿmā 73
baiḍāʾ 65 f., 71
ballūṭ 22
dair 60
darb 9
ḍaḥḥ 72
ḍāḥī, ḍāḥiya, ḍāḥyān 72
ḍiḥḥ 72
faǧǧ 24
faiʾ 72
ǧurūm 51
ḥaddāda 28
ḫarǧ 19
kitf 25
maʿbar 8
maḍḥāt 72
mafyaʾa, mafyuʾa 72
maḫāriǧ (pl.) 19
maqmaʾa, maqmūʾa 72
maqnaʾa, maqnuʾa 72
mašrāq, mašraqa, mašriq 72
maṭlaʿ, maṭliʿ 72
mišrāq, mišrīq 72
muʿallaq 19
mul(ī) 16
mušmis 72
mušraqa 72
mutašammis 72
muẓallal 72
naqb 18, 24
nisāʾ 64, 65, 67
qamʾa 72
qibla 47, 57 f.
qiblī 72
qiṭār 28
rubāṭ (mit Labialvokal für *ribāṭ*) 28
sahl 26
surūd 51
Šaʾm, aš-Šām (LN) 73
šamāl 73
šāmis, šamīs 72
šarqa 72
šimāl 45 Anm. 12. 73; s. *šamāl*
šuʾm 73
talaʿ, talāʿa, talʿ(a) 18
tall (tell) 66
taṯniya, ṯanīya 10
ṭaraf 45 Anm. 15, 54, 66
ẓalal 68
ẓalīl(a) 68, 72
ẓill 68, 72, 73
ẓulma 73

Berberisches

s. p. 72 f.

Türkisch (Osmanisch und Dialekte)

Mongolisch

Georgisches

Chinesisch

Tibetisch